Christus

Abbildung umseitig: Crucifixus
Bronze, vergoldet, schwäbisch, 12. Jh.
Bayerisches Nationalmuseum, München

Liebe Leserinnen und Leser!

Nachdem bereits je ein FLENSBURGER HEFT über Engel und den Erzengel Michael erschienen ist, legen wir jetzt eines über das Christuswesen vor. Wir haben uns bemüht, diese überaus schwierige und umfangreiche Materie in eine sowohl verständliche als auch vielseitige und tiefgründige Darstellung zu bringen.

Der einleitende Artikel Thomas Höfers gibt einen kurzen Überblick über die Widersprüche der Geburtsgeschichte Jesu im Matthäus- und Lukasevangelium, die diesbezügliche Ansicht heutiger Bibelexegese sowie die Darstellung Rudolf Steiners über die zwei Jesusknaben.

Das Interview mit Hans-Werner Schroeder umfaßt vorwiegend das dreijährige Erdenwirken des Christus, von seinem Einzug in den Menschen Jesus während der Jordantaufe bis zu seinem Tod und seiner Auferstehung, ferner die Wirkung des Christus im Kultus, im Menschen selber sowie das Erscheinen des ätherischen Christus in heutiger Zeit.

Eugen Drewermann stellt demgegenüber seine Ansicht dar, die vor allem den Menschen Jesus zum Vorbild hat, sowie die Botschaft, die von den bilderreichen Erzählungen seines Wirkens ausgeht, und versucht, dies für die modernen Menschen mit Hilfe der Psychoanalyse zu erklären.

Arfst Wagner beschreibt in seinem Artikel einige Beispiele falscher Christuserscheinungen im 20. Jahrhundert, vor allem den Versuch damaliger Theosophen, den jungen Krishnamurti als physische Wiedererscheinung des Christus auszugeben, und zeigt im weiteren, wie der Blick für den ätherischen Christus durch die Annahme eines physisch erscheinenden Christus verhangen wird.

Einen speziellen Bereich stellt Frank Linde dar, nämlich das Jesusbild des Korans und das Verständnis der Muslime, denen Jesus als Prophet gilt. Auch geht er anhand des in unserem Verlag erschienenen Buchs von Hans-Diedrich Fuhlendorf auf die interessante Parallele zwischen dem verborgenen Imam und dem ätherischen Christus ein.

In der Hoffnung, daß wir wieder ein interessantes Heft vorlegen,
grüßt Sie
Ihre
FLENSBURGER HEFTE-Redaktion

Aus dem Inhalt

Angst zerbrochen / Wer sich Gott überläßt, dem wird sich der Himmel öffnen / Jesus muß die Welt Zug um Zug vom Bösen befreien / Die Theologie hat sich hinderlich zwischen den Menschen und seinem Suchen nach Gott geschoben / Wer so denkt, muß von allen guten Geistern verlassen sein / Der Wahn der Überschußhumanität / Die Befriedigung des seelischen Durstes / Die Realpräsenz Christi in Brot und Wein / Wenn die Maus den Leib des Herrn fräße / Jesus hat die Todesangst überwunden / Wiedererscheinungserlebnisse sind Teile der Psyche, die Gestalt annehmen.

Zu den Widersprüchen in den Kindheitsevangelien

Thomas Höfer

Die Kindheit und Jugend Jesu darzustellen, ist nicht leicht, denn die Quellenlage ist schlecht. Nur zwei der vier Evangelien – die Evangelien nach Matthäus und Lukas – haben überhaupt etwas über diese Zeit zu berichten, und was sie berichten, ist knapp und widersprüchlich, so widersprüchlich, daß wahrscheinlich kaum jemand auf die Idee käme, die Texte auf ein und denselben Menschen zu beziehen, würden sie nicht im Kontext des Neuen Testamentes stehen.

Zwei unterschiedliche Geburtsgeschichten

Nur wenige Menschen sind sich der Widersprüche, die die Schilderungen des Geburtsgeschehens bei Matthäus und Lukas enthalten, überhaupt bewußt. Die Geburt Jesu ist in den Vorstellungen der Allgemeinheit fest mit dem Weihnachtsfest – einem ursprünglich heidnischen, vorchristlichen Fest – verbunden, und das Bild, das die meisten Menschen von der Geburt Jesu haben, ist mehr durch die kommerzielle Ausdeutung als durch die Aussagen der Bibel bestimmt. So findet man zur Weihnachtszeit allerorten Krippen aufgestellt, in denen das Christkind liegt, angebetet von den Hirten und den Heiligen Drei Königen.

Diese Darstellung ist aber durch die Aussagen des Neuen Testamentes nicht gestützt. Kaum jemand weiß, daß es zwei Geburtsgeschichten gibt – eine bei Matthäus und eine bei Lukas – und daß nur Lukas von einer Krippe und Hirten berichtet. Matthäus schildert seinerseits die Anbetung durch die Heiligen Drei Könige, die in der Einheitsübersetzung des Neuen Testamentes Sterndeuter heißen. Aus zwei ganz verschiedenen Erzählungen ist eine Einheit geworden, die Bilder wurden vermischt. Es ist fraglich, ob dies im Sinne der Evangelisten war.

Wissenschaftlich ist man sich dieser Widersprüche sehr wohl bewußt, und sie trüben den Begriff der synoptischen Evangelien, der 1776 von J.J. Griesbach in die wissenschaftliche Diskussion gebracht wurde. Griesbach druckte die Texte der drei ersten Evangelien, Matthäus, Lukas und Markus, nebeneinander, um so zu einer Zusammenschau (Synopse) der Texte zu kommen. Es waren gerade die vielen Übereinstimmungen der Evangelientexte, die dieses Nebeneinanderstellen interessant werden ließen.

„Aus diesen Übereinstimmungen scheint sich der zwingende Schluß zu ergeben, daß die Synpt. (Synoptiker, T.H.) irgendwie literarisch miteinander zusammenhängen. Die Sachlage wird aber dadurch verwickelt, daß die drei Evv. (Evangelien, T.H.) sich auch wieder nach Inhalt und Form stark voneinander unterscheiden. Die Kindheitsgeschichten des Mt und Lk widersprechen sich in wesentlichen Zügen: bei Mt ist die Geburtsgeschichte vom Standpunkt des Joseph, bei Lk von dem der Maria aus erzählt; bei Mt ist Bethlehem der Wohnsitz der Familie Jesu, bei Lk Nazareth; die Flucht nach Ägypten Mt 2,13 ff läßt sich bei Lk nicht unterbringen, ebenso der Besuch der Magier Mt 2,1 ff. Die ganz verschiedenen Stammbäume Mt 1,1 ff; Lk 3,23 ff sind unvereinbar. Mk hat dies alles überhaupt nicht." (Kümmel, S.18)

Im folgenden stelle ich die Widersprüche in den Geburtsgeschichten bei Matthäus und Lukas im einzelnen dar. Eine weitergehende Beschreibung dieser Widersprüche findet sich bei Emil Bock (siehe Literaturnachweise).

Zwei Stammbäume

Sowohl Matthäus (Mt 1,1–17) als auch Lukas (Lk 3,23–38) präsentieren einen Stammbaum, der Jesus jeweils einer bestimmten Generationenfolge zuordnet. Zur Deckung zu bringen sind diese Stammbäume allerdings nicht, da sie sich in wesentlichen Teilen unterscheiden.

Matthäus beginnt sein Evangelium mit dem Stammbaum Jesu. Dieser Stammbaum beginnt bei Abraham und führt über David und Salomo zu den Eltern Jesu, Josef und Maria. Dabei ist Matthäus die Feststellung wichtig, daß er von Abraham bis David, von David bis zur Babylonischen Gefangenschaft und von der Babylonischen Gefangenschaft bis zu Jesus jeweils vierzehn Generationen nennt (Mt 1,17). Tatsächlich nennt er allerdings für den letzten Zeitabschnitt nur dreizehn Generationen.

Der Kommentar der Einheitsübersetzung weist im Zusammenhang mit der Zahl 14 auf einen zahlensymbolischen Hintergrund hin: In der hebräischen Schrift würden Buchstaben auch für Ziffern stehen, und der Name David ergäbe, als Ziffernfolge gelesen, in der Summe vierzehn (Kommentar zu Mt 1,1–17).

Lukas kommt auf den Stammbaum Jesu erst nach der Jordantaufe (Lk 3,21–22) zu sprechen. Er beginnt bei Jesus und geht rückwärts über Nathan, David, Abraham bis zu Adam und Gott. Insgesamt nennt Lukas 76 Generationen.

Die Übersicht auf der folgenden Seite zeigt die Übereinstimmungen und Unterschiede der beiden Stammbäume und macht deutlich, daß sie auch mit viel Mühe nicht zur Deckung zu bringen sind.

Die auffälligsten Abweichungen setzen bei den Generationen nach David ein, was dann nicht verwundert, wenn man bedenkt, daß Matthäus im weiteren auf Salomo aufbaut und damit der Königslinie des Hauses David folgt, die sich in den Königsbüchern des Alten Testamentes wiederfindet,

Matthäus **Lukas**

(Gott)

1. Adam
2. Seth
3. Enos
4. Kenan
5. Mahalaleel
6. Jared
7. Henoch
8. Methusalah
9. Lamech
10. Noah
11. Sem
12. Arphagsad
13. Kenan
14. Salah
15. Eber
16. Peleg
17. Ragu
18. Serug
19. Nahor
20. Thara

20 nur-lukanische Stufen

Matthäus	Lukas
1. Abraham	21. Abraham
2. Isaak	22. Isaak
3. Jakob	23. Jakob
4. Juda	24. Juda
5. Perez	25. Perez
6. Hezron	26. Hezron
7. Ram	27. Ram
8. Amminadab	28. Amminadab
9. Nahesson	29. Nahesson
10. Salma	30. Salma
11. Boas	31. Boas
12. Obed	32. Obed
13. Jesse	33. Jesse
14. David	34. David

14 übereinstimmende Stufen

15. *Salomo*
16. Rehabeam

17. Abia
18. Asaph
19. Josaphat
20. Joram
21. Usia
22. Joatham

23. Ahas
24. Hiskia
25. Manasse

26. Amos

27. Josia
28. Jechonja

29. Sealthiel
30. Serubabel
31. Abiud

32. Eliakim
33. Asor
34. Zadok

35. Achim

36. Eliud

37. Eleasar

38. Matthan

39. Jakob

40. Josef
41. Jesus

35. *Nathan*
36. Mattathan
37. Menam
38. Melea
39. Eliakim
40. Jonam
41. Joseph
42. Juda
43. Simeon
44. Levi
45. Matthat
46. Jorem
47. Elieser
48. Jesus
49. Her
50. Elmadam
51. Kosam
52. Addi
53. Melchi
54. Neri
55. Sealthiel
56. Serubabel
57. Resa
58. Johanan
59. Juda
60. Josech
61. Simei
62. Mattathias
63. Maath
64. Nangai
65. Esli
66. Nahum
67. Amos
68. Mattathias
69. Josef
70. Janna
71. Melchi
72. Levi
73. Matthat
74. Eli

75. Josef
76. Jesus

25 bzw. 40 nicht übereinstimmende Stufen

Die Geschlechtsregister nach Matthäus und Lukas. (Nach Bock, S.38 f.)

während Lukas sich an Nathan hält und in der Folge lauter unbekannte Namen nennt.

Eine interessante Frage in diesem Zusammenhang ist, warum sich die Evangelisten überhaupt die Mühe machen, einen Stammbaum zu überliefern, wenn sie gleichzeitig berichten, daß Maria jungfräulich schwanger geworden sei. Wenn der Vater, also Josef, nur Adoptivvater ist, welchen Sinn macht dann der Stammbaum?

Zwei Verkündigungen

Die Geburt Jesu wird beiden Evangelisten zufolge vorher angekündigt, allerdings auf vollständig unterschiedliche Weise. Bei Matthäus heißt es:

„Mit der Geburt Jesu Christi war es so: Maria, seine Mutter, war mit Josef verlobt; noch bevor sie zusammengekommen waren, zeigte sich, daß sie ein Kind erwartete – durch das Wirken des Heiligen Geistes. Josef, ihr Mann, der gerecht war und sie nicht bloßstellen wollte, beschloß, sich in aller Stille von ihr zu trennen. Während er noch darüber nachdachte, erschien ihm ein Engel des Herrn im Traum und sagte: Josef, Sohn Davids, fürchte dich nicht, Maria als deine Frau zu dir zu nehmen; denn das Kind, das sie erwartet, ist vom Heiligen Geist. Sie wird einen Sohn gebären, ihm sollst du den Namen Jesus geben, denn er wird sein Volk von seinen Sünden erlösen." (Mt 1,18–21)

Die entsprechende Stelle bei Lukas lautet: „Im sechsten Monat wurde der Engel Gabriel von Gott in eine Stadt in Galiläa namens Nazaret zu einer Jungfrau gesandt. Sie war mit einem Mann namens Josef verlobt, der aus dem Haus David stammte. Der Name der Jungfrau war Maria. Der Engel trat bei ihr ein und sagte: Sei gegrüßt, du Begnadete, der Herr ist mit dir. Sie erschrak über die Anrede und überlegte, was dieser Gruß zu bedeuten habe. Da sagte der Engel zu ihr: Fürchte dich nicht, Maria; denn du hast bei Gott Gnade gefunden. Du wirst ein Kind empfangen, einen Sohn wirst du gebären: dem sollst du den Namen Jesus geben. Er wird groß sein und Sohn des Höchsten genannt werden. Gott, der Herr, wird ihm den Thron seines Vaters David geben. Er wird über das Haus Jakob in Ewigkeit herrschen, und seine Herrschaft wird kein Ende haben. Maria sagte zu dem Engel: Wie soll das geschehen, da ich keinen Mann erkenne? Der Engel antwortete ihr: Der Heilige Geist wird über dich kommen, und die Kraft des Höchsten wird dich überschatten. Deshalb wird auch das Kind heilig und Sohn Gottes genannt werden. Auch Elisabeth, deine Verwandte, hat noch in ihrem Alter einen Sohn empfangen; obwohl sie als unfruchtbar galt, ist sie jetzt schon im sechsten Monat. Denn für Gott ist nichts unmöglich. Da sagte Maria: Ich bin die Magd des Herrn; mir geschehe, wie du es gesagt hast. Danach verließ sie der Engel." (Lk 1,26–38)

Bethlehem und Nazareth – Sterndeuter und Hirten

Bei Lukas findet sich die im Bewußtsein der Menschen verankerte Schilderung, daß Josef und Maria von Nazareth, ihrer Wohnstadt, nach Bethlehem zogen, um sich auf Befehl des Kaisers Augustus in Steuerlisten eintragen zu lassen (Lk 2,2–4). Dort brachte Maria ihr Kind zur Welt und mußte es in eine Krippe legen, weil die Herbergen überfüllt waren. Hier, in der Krippe, kommt es zu der Anbetung des Kindes durch die Hirten (Lk 2,8–20).

Die Verkündigung an die Hirten
Rembrandt, 1634

Wenige Zeit später kehrten die Eltern mit dem Kinde nach Nazareth zurück.

„Als seine Eltern alles getan hatten, was das Gesetz des Herrn vorschreibt, kehrten sie nach Galiläa in ihre Stadt Nazaret zurück. Das Kind wuchs heran und wurde kräftig; Gott erfüllte es mit Weisheit, und seine Gnade ruhte auf ihm." (Lk 2,39–40)

Bei Matthäus hingegen ist von einer Reise nach Bethlehem gar keine Rede. Vielmehr muß man annehmen, daß Josef und Maria sich ständig dort aufgehalten haben. Auch eine Krippe wird nicht erwähnt, sondern ein Haus, in das sich die Sterndeuter, bekannt unter dem Begriff *die Heiligen Drei Könige,* begeben, um dem Kind, das in ihren Augen der neugeborene König der Juden ist, zu huldigen (Mt 2,11).

Die Evangelien geben keinerlei Hinweis darauf, daß eine gemeinsame Anbetung des Kindes durch Hirten *und* Könige stattgefunden hat.

Nach der Schilderung des Matthäus flieht Josef dann unmittelbar nach der Geburt vor dem durch Herodes angezettelten Kindermord mit Frau und Kind nach Ägypten. Das Kind wächst also in Ägypten heran. Erst nach dem

Flucht nach Ägypten
Rembrandt, um 1653

Tod des Herodes kehrt Josef mit seiner Familie nach Israel zurück, und jetzt läßt er sich in Nazareth nieder.

„Als Herodes gestorben war, erschien dem Josef in Ägypten ein Engel des Herrn im Traum und sagte: Steh auf, nimm das Kind und seine Mutter, und zieh in das Land Israel; denn die Leute, die dem Kind nach dem Leben getrachtet haben, sind tot. Da stand er auf und zog mit dem Kind und dessen Mutter in das Land Israel. Als er aber hörte, daß in Judäa Archelaus an Stelle seines Vaters Herodes regierte, fürchtete er sich, dorthin zu gehen. Und weil er im Traum einen Befehl erhalten hatte, zog er in das Gebiet von Galiläa und ließ sich in einer Stadt namens Nazaret nieder." (Mt 2,19–23)

Der Kindermord von Bethlehem

Der Kindermord des Herodes, der den Anlaß für die Flucht nach Ägypten bot, wird bei Lukas nicht mit einer Silbe erwähnt, vielmehr kann das Kind in aller Ruhe in Nazareth aufwachsen. Emil Bock schreibt dazu:

„Ist der bei Matthäus berichtete bethlehemitische Kindermord eine historische Tatsache, wie kann dann Lukas von dem ruhigen Verweilen der Eltern und ihres Kindes in Bethlehem, Jerusalem und Nazareth so erzählen, als ob es gar keine Gefahr durch die Häscher des Herodes gäbe? Nicht nur, daß von der Flucht nach Ägypten gar keine Rede ist, es scheint dafür gar kein Anlaß vorhanden zu sein und, was das Rätselhafteste ist, es bleibt innerhalb der lukanischen Schilderung dafür überhaupt kein Raum. Es muß uns fast so scheinen, als versetzten uns die beiden Evangelien, wenn schon beide Male Bethlehem als der Ort der Geburtsgeschichte genannt wird, in ganz verschiedene Zeiten. Die lukanische Schilderung ist eigentlich erst für einen Zeitpunkt vorstellbar und möglich, zu dem das Gewitter des Kindermordes bereits wieder einem friedlich klaren Himmel gewichen ist." (Bock, S.33)

Zu der geographischen Unstimmigkeit kommt also noch eine zeitliche mit hinzu.

Zu welchem Schluß führen die Widersprüche?

Die Widersprüche in den Geburtsgeschichten der Evangelien existieren, seit es das Neue Testament in seiner jetzigen Form gibt. Eine wissenschaftliche, allgemein anerkannte, befriedigende Erklärung fehlt allerdings bis heute, was schon in dem wissenschaftlichen Begriff, unter dem diese – und andere – Widersprüche thematisiert werden, zum Ausdruck kommt: die synoptische Frage.

„Die synpt. Frage ist die Frage nach dem literarischen Verhältnis der drei ersten Evv. zueinander: wie erklärt sich das merkwürdige, verwickelte

Ineinander von Übereinstimmung und Verschiedenheit zwischen Mt, Mk und Lk? Der Tatbestand fällt um so mehr auf, als daß Joh an ihm ganz unbeteiligt ist." (Kümmel, S.17)

Die wissenschaftliche Bibelforschung geht davon aus, daß die Evangelisten in den Teilen, in denen ihre Texte übereinstimmen, aus gleichen litcrarischen Vorlagen geschöpft haben. Die Übereinstimmungen der Synoptiker seien einfach zu gravierend, als daß sie unabhängig voneinander entstanden sein könnten. Aufgrund von Vergleichen, die sich auf den Inhalt der Evangelien und die Reihenfolge der Texte innerhalb derselben beziehen, kam man zu dem Schluß, daß das Evangelium nach Markus den anderen Synoptikern als Quelle gedient hat.

„Aufgrund aller dieser Tatbestände ergibt sich aus dem Vergleich des allen drei Synpt. gemeinsamen Stoffes, daß Mk von Mt und Lk als Quelle benutzt worden ist." (Kümmel, S.35)

Diese Theorie erklärt schlüssig die Übereinstimmung der Teile, die allen drei Synoptikern gemeinsam sind. Darüber hinaus nimmt man an, daß Matthäus und Lukas über eine weitere gemeinsame Quelle verfügt haben, auf die Markus nicht zurückgegriffen hatte, was die Übereinstimmung von Teilen erklärbar macht, die bei Lukas und Matthäus, nicht aber bei Markus vorliegen.

„Den entscheidenden Beweis für eine gemeinsame, schriftliche Quelle des Mt und Lk liefern aber die Dubletten bzw. Doppelüberlieferungen

Matthäus	Lukas
Stammbaum beginnt bei Abraham	Stammbaum beginnt bei Adam (Gott)
führt bis David	führt bis David
über Salomo	über Nathan
zu Josef	zu Josef
Verkündigung an Josef	Verkündigung an Maria
Wohnort Bethlehem (?)	Wohnort Nazareth
–	zur Eintragung in Steuerlisten ziehen die Eltern nach Bethlehem
Geburt in einem Haus	Geburt in einem Stall
Geburt vor Kindermord	Geburt nach Kindermord
Anbetung durch Sterndeuter	Anbetung durch Hirten
Kindermord durch Herodes	–
Flucht nach Ägypten	–
Kind wächst in Ägypten auf	Kind wächst in Nazareth auf
Rückkehr, jetzt nach Nazareth	–

Die Widersprüche zwischen Matthäus- und Lukasevangelium

(Doppelüberlieferungen sind Texte, die zwei Evangelisten, aber in abweichender Form, bieten; Dubletten sind Texte, die ein Evangelist zweimal hat). (...)

Stellt man diesen Tatbestand der Dubletten und Doppelüberlieferungen bei Mt und Lk neben die Tatsache, daß das Mk nur eine einzige Dublette aufweist (Mk 9,35; 10,43 f), so ergibt sich unbestreitbar, daß Mt und Lk eine zweite Quelle neben Mk benutzt haben müssen. Daß diese Quelle Mt und Lk schriftlich vorgelegen hat, ist angesichts der weitgehend gemeinsamen Reihenfolge und der Dubletten bzw. ihrer Vermischung bei Mt nicht zu bezweifeln; und die sprachliche Übereinstimmung beweist, daß diese Quelle in Griechisch abgefaßt war." (Kümmel, S.40)

Diese Theorie, so stichhaltig und wohlbegründet sie ist, klärt allerdings nur die Gemeinsamkeiten der Evangelien, die Unterschiede und Widersprüche der Synoptiker bleiben unerklärlich, das Johannesevangelium bleibt vollends unverständlich. Um die Widersprüche zu erklären, bleiben nur folgende Annahmen:

1) Matthäus und Lukas haben unabhängig voneinander jeweils über weitere mündliche oder schriftliche Quellen verfügt und in ihren Evangelientext eingebunden.

2) Sie haben den Text selbst gestaltet, um eine bestimmte Aussage, eine theologische Wirkung zu erzielen.

3) Im Laufe der Überlieferung der Evangelien selbst – denn die Urevangelien liegen als Dokumente nicht vor – haben sich Fehler eingeschlichen, oder die Texte wurden bewußt ausgeschmückt.

„Nun kann hier von der Geschichte der synpt. Tradition ebensowenig im einzelnen die Rede sein wie von den Fragen, inwieweit sich aus dieser Geschichte Rückschlüsse auf die Tradition der Augenzeugen des Lebens und der Verkündigung Jesu und auf die Geschichte des Urchristentums ziehen lassen. Wohl aber ergibt sich aus den Erkenntnissen der Formgeschichte für die synpt. Frage, daß die mündliche Tradition nicht nur bei der ersten Fixierung des Evangelienstoffes zu schriftlichen Formen die entscheidende Quelle war, sondern daß auch bei der weiteren Umformung der ältesten Evangelienschriften in die kanonischen Evangelien die mündliche Tradition eine entscheidende Rolle spielte. Denn die Benutzung der älteren Quellen durch die jüngeren Evangelisten ging zweifellos nicht so vor sich, daß die schriftlichen Quellen einfach abgeschrieben oder immer bewußt verändert wurden. Freie Reproduktion von Quellen war schon in der griech. Geschichtsschreibung selbstverständlich, und in der christlichen Gemeinde wurden die schriftlichen Evv. vor allem durch die gottesdienstliche Vorlesung bekannt, und die Wiedergabe bzw. Abänderung der benutzten schriftlichen Quellen fand zweifellos weitgehend aufgrund gedächtnismäßiger Erinnerung statt, woraus sich die Einwirkung der noch lebendigen mündlichen Tradition bei der Abfassung der größeren Evv. Mt und Lk fast zwangsläufig ergibt. Das gilt sowohl für das Eindringen einzelner umgebildeter Traditionsstücke wie auch für die Aufnahme umfangreichen Stoffes, das sog. ‚Sondergut‘ bei Mt und Lk. (...)

[Die Evv. sind] bis zu einem gewissen Grade Fixierungen einer bestimmten Stufe der mündlichen Tradition, aber darüber hinaus in der Art der Aufnahme und Abwandlung weiterer Traditionen und in der veränderten Übernahme ihrer schriftlichen Vorlagen das Werk planender und theologisch gestaltender Verfasser." (Kümmel, S.52 f.)

Evangelium und Mysterientradition

Ein ähnlicher Gedanke findet sich in Rudolf Steiners Buch „Das Christentum als mystische Tatsache". Steiner beschreibt hier, daß die Evangelientexte durchaus durch die Tradition gefärbt waren, in der die Evangelisten jeweils standen, ja daß sie sogar das Leben Jesu so schilderten, daß es ein Idealbild eines Eingeweihten abgab, wie es ihrer jeweiligen Tradition entsprach. Mit anderen Worten: Die Evangelisten haben ihre Evangelien ihren Vorstellungen und Vorkenntnissen gemäß gestaltet. Die Frage nach den Rollen vom Toten Meer, von Qumran, könnte hierdurch in einem ganz anderen Licht erscheinen (vgl. Baigent).

„Wer auf dem Standpunkte eines mystischen Ursprungs der Evangelien steht, für den erklären sich ohne Zwang die nicht übereinstimmenden Dinge; für den gibt es auch eine Harmonie zwischen dem vierten Evangelium und den drei ersten. Denn alle diese Schriften können gar nicht bloße geschichtliche Überlieferungen im gewöhnlichen Wortsinne sein wollen. Sie wollen ja (...) keine geschichtliche Biographie geben. Was sie geben wollten, lag immer schon als typisches Leben des Gottessohnes in den Mysterientraditionen vorgebildet. Man schöpfte nicht aus der Geschichte, sondern aus den Mysterientraditionen. Nun waren natürlich in den verschiedenen Mysterienkultstätten diese Traditionen nicht bis zu wörtlicher Übereinstimmung gleichgestaltet. (...) Man braucht nun nur anzunehmen, daß die vier Evangelisten aus vier verschiedenen Mysterientraditionen schöpften. Es spricht für die hochragende Persönlichkeit Jesu, daß er in vier, verschiedenen Traditionen angehörigen Schriftgelehrten den Glauben erweckt: er sei derjenige, der ihrem Typus eines Eingeweihten in so vollkommenem Grade entspricht, daß sie sich zu ihm wie zu einer Persönlichkeit verhalten können, die den typischen Lebenslauf lebt, der in ihren Mysterien vorgezeichnet ist. Dann haben sie im übrigen sein Leben nach Maßgabe ihrer Mysterientraditionen beschrieben." (Steiner, GA 8, S.111 f.)

Hierauf werde ich später nochmal unter einem anderen Gesichtspunkt eingehen.

Aus welchem Bewußtsein wurden die
Evangelien geschrieben?

Aus der Kenntnis der Anthroposophie stellt sich so auch die Frage, ob die Evangelisten wirklich nur aus schriftlichen und mündlichen Quellen geschöpft haben. Sind die Evangelien wirklich so entstanden, daß vier Menschen unabhängig voneinander das Leben und Wirken Jesu auf der Grundlage ihnen zugänglicher schriftlicher und mündlicher Überlieferungen in Worte gefaßt haben? Sind die Evangelisten wirklich so vorgegangen, wie ein Historiker vorgehen würde, der eine Biographie einer bedeutenden Persönlichkeit abzufassen hat?

Rudolf Steiner weist darauf hin, daß den Evangelisten aufgrund anderer Bewußtseinszustände andere Quellen zur Verfügung standen als die oben aufgeführten. Läßt man sich auf die Aussagen Rudolf Steiners ein, verläßt man zwar den Boden positivistischer, hermeneutischer Wissenschaft, eröffnet sich aber die Möglichkeit, die Aussagen der Evangelien in einer völlig anderen Weise zu verstehen.

Rudolf Steiner zufolge prägen sich alle Ereignisse, die eine Bedeutung für die Weiterentwicklung der Menschheit haben, in einer Art übersinnlichen Geschichtsschreibung ein: der Akasha-Chronik.

„Aber alles, was in der Zeit entsteht, hat seinen Ursprung im Ewigen. Nur ist das Ewige der sinnlichen Wahrnehmung nicht zugänglich. Aber dem Menschen sind die Wege offen zur Wahrnehmung des Ewigen. Er kann die in ihm schlummernden Kräfte so ausbilden, daß er dieses Ewige zu erkennen vermag. (...) Dann vermag er zu schauen, was an den Ereignissen nicht sinnlich wahrnehmbar ist, was keine Zeit von ihnen zerstören kann. Von der vergänglichen Geschichte dringt er zu einer unvergänglichen vor. Diese Geschichte ist allerdings mit andern Buchstaben geschrieben als die gewöhnliche. Sie wird in der Gnosis, in der Theosophie die ‚Akasha-Chronik‘ genannt." (Steiner, GA 11, S.16 f.)

Schöpften die Evangelisten aus dieser Akasha-Chronik? Ohne daß der Begriff dezidiert genannt würde, schildert Rudolf Steiner, daß die Evangelisten nicht aus einem Alltagsbewußtsein heraus ihre Evangelien verfaßt haben, sondern aus einem höheren, übersinnlichen Schauen heraus.

„Wir müssen dabei von dem ausgehen, (...) daß Urkunden, wie die Evangelien es sind, sich gerade für den anthroposophischen Betrachter darstellen als Urkunden, die verfaßt sind von Menschen, die tiefer hineingeschaut haben in das Wesen des Lebens und in das Wesen des Daseins, die als Eingeweihte und als Hellseher in die Tiefen der Welt hineingeschaut haben." (Steiner, GA 114, 15.09.1909, S.10)

Im weiteren Verlauf des Vortrages aus dem Zyklus „Das Lukas-Evangelium", aus dem ich eben zitierte, schildert Steiner die drei Stufen höherer, d.h. übersinnlicher Erkenntnis – Imagination, Inspiration und Intuition –

Symbole der vier Evangelisten
Book of Kells, um 800
Trinity College Dublin

und sagt dann, daß das Johannesevangelium einerseits und die drei anderen Evangelien andererseits von unterschiedlichen Stufen der höheren Erkenntnis aus geschrieben wurden.

„Was uns im Johannes-Evangelium begegnet, konnte nur auf der Forschung des Eingeweihten beruhen, der hinaufsteigen konnte bis zur inspirierten und intuitiven Erkenntnis. Was uns in den anderen Evangelien entgegentritt, das konnte beruhen auf Mitteilungen von imaginativen, von hellsichtigen Menschen, die also noch nicht selbst hinaufsteigen konnten in die inspirierte und intuitive Welt. So beruht, wenn wir den heutigen Unterschied streng festhalten, das Johannes-Evangelium auf der Einweihung; die drei übrigen Evangelien, vorzugsweise das Lukas-Evangelium, sogar nach dem Ausspruche des Schreibers selbst, auf der Hellsichtigkeit." (Steiner, GA 114, S.19)

Damit sagt Steiner nichts anderes, als daß die Evangelisten eben nicht – oder zumindest nicht ausschließlich – aus literarischen Vorlagen oder mündlichen Überlieferungen geschöpft hätten, sondern direkt aus geistiger Erkenntnis, d.h. letztlich auch aus der Akasha-Chronik (vgl. Steiner, GA 148, 16.11.1913, S.208).

Auf welcher Grundlage stehen die Aussagen Rudolf Steiners?

Wenn es eine unvergängliche, übersinnlicher Erkenntnis zugängliche Chronik gibt, dann muß es auch heutige einigen Menschen möglich sein, sich über vergangene Ereignisse Aufschluß zu verschaffen, indem sie in der Akasha-Chronik nachlesen – vorausgesetzt ein Mensch hat sich die übersinnlichen Fähigkeiten dazu erworben.

„So kann der heutige Mensch zwei Wege wählen, um Kunde zu erhalten von der Vergangenheit. Er kann die äußeren Dokumente nehmen. (...) Oder aber er kann fragen: Was wissen diejenigen Menschen zu sagen, die selbst für ihr geistiges Auge geöffnet haben jene unvergängliche Chronik, die wir die Akasha-Chronik nennen, jenes große Tableau, in welchem alles in unvergänglicher Schrift verzeichnet steht, was jemals geschehen ist in der Welt-, Erden- und Menschheitsentwickelung." (Steiner, GA 114, S.21)

Was im folgenden über die Hintergründe des Geburtsgeschehens ausgeführt wird, beruht auf den Aussagen Rudolf Steiners, die er auf der Grundlage seiner übersinnlichen Erkenntnis machen konnte.

„An meiner Stellung zum Christentum wird voll anschaulich, wie ich in der Geisteswissenschaft gar nichts auf dem Wege gesucht und gefunden habe, den manche Menschen mir zuschreiben. Die stellen die Sache so hin, als ob ich aus alten Überlieferungen die Geist-Erkenntnis zusammengestellt hätte. Gnostische und andere Lehren hätte ich verarbeitet. Was im ‚Christentum als mystische Tatsache‘ an Geist-Erkenntnissen gewonnen ist, das ist aus der Geistwelt selbst unmittelbar herausgeholt. Erst um Zuhörern beim Vortrag, Lesern des Buches den Einklang des geistig Erschauten mit den historischen Überlieferungen zu zeigen, nahm ich diese vor und fügte sie dem Inhalte ein. Aber nichts, was in diesen Dokumenten steht, habe ich diesem Inhalte eingefügt, wenn ich es nicht erst im Geiste vor mir gehabt habe." (Steiner, GA 28, 26. Kap., S.271 f.)

Die Akzeptanz der Ausführungen Steiners, auf welche ich im weiteren zum vertieften Verständnis der Widersprüche in den Kindheitsevangelien eingehen werde, steht und fällt daher mit der Bereitschaft, sich auf Aussagen, die durch übersinnliche Erkenntnis gewonnen wurden, einzulassen.

Madonna Terranuova
Raphael
Zeigt Maria mit zwei Jesusknaben und Johannes

Es gab zwei Jesusknaben

Betrachtet man die Widersprüche in den Kindheitsevangelien unbefangen und setzt voraus, daß sie sich auf reale Geschehen stützen, kann man nur zu der Auffassung kommen, daß Matthäus und Lukas von zwei verschiedenen Menschen berichten. Rudolf Steiner schildert an verschiedenen Stellen, daß es tatsächlich zwei Jesusknaben gegeben hat. Zunächst das Geschehen bis zur Rückkehr (des im Matthäusevangelium geschilderten Jesusknaben) aus Ägypten im Überblick:

„Sowohl in Bethlehem wie in Nazareth wohnt zu Beginn unserer Zeitrechnung ein Mann namens Joseph, der eine Frau namens Maria zum Weibe hat. Die in Nazareth wohnende Maria ist ein besonders junges, jungfräuliches Wesen. Beide Joseph sind aus davidischem Geschlecht, der bethlehemitische aus der königlichen Linie, die von David über Salomo geht; der nazarenische aus der priesterlichen Linie, die auf den David-Sohn Nathan zurückgeht. Beiden Elternpaaren wird ein Knabe geboren, dem man auf besondere Engelerlebnisse hin den Namen Jesus gibt. Da durch die Volkszählung das galiläische Paar auch nach Bethlehem kommt, werden beide Knaben dort geboren. Die Geburten liegen zeitlich auseinander. Zuerst wird der Knabe aus der königlichen, salomonischen Linie geboren, an dessen Wiege die Könige treten und der vor der herodianischen Verfolgung nach Ägypten geflüchtet wird. Später wird am gleichen Ort auch der Knabe aus der priesterlichen, nathanischen Linie geboren, vor dessen Krippe die Hirten anbeten. Die Gefahr des Kindermordes ist vorüber; die Eltern können getrost mit ihrem Kinde nach Nazareth heimkehren.

Nach der Rückkehr aus Ägypten nimmt auch die salomonische Familie, früher in Bethlehem seßhaft, ihren Wohnsitz in Nazareth. Nun wohnen beide Familien am gleichen Ort." (Bock, S.52 f.)

Der Jesusknabe des Matthäusevangeliums

In dem Jesusknaben des Matthäusevangeliums hat sich nach den Aussagen Rudolf Steiners eine der bedeutendsten Individualitäten der Menschheitsentwicklung wiederverkörpert: Zarathustra.

„Die Ichheit des Zarathustra wurde wiederverkörpert in dem Kinde, von dem uns der Matthäusevangelist erzählt, daß es geboren wurde von einem Elternpaare Joseph und Maria, welches aus der königlichen Linie, aus der salomonischen Linie des davidischen Geschlechtes stammte und ursprünglich schon in Bethlehem wohnte." (Steiner, GA 114, 18.07.1909, S.93)

Der Jesusknabe des Matthäusevangeliums ist also die Wiederverkörperung einer der höchstentwickelten Individualitäten, die zum ersten Mal in der urpersischen Kulturepoche kulturstiftend in die Menschheitsentwicklung eingriff und im Laufe der Zeit immer wieder in bedeutender Weise für das Vorankommen der Menschheit wirkte.

Der Jesusknabe des Lukasevangeliums

In dem Jesusknaben des Lukasevangeliums verkörperte sich demgegenüber eine Individualität – der Begriff ist nicht ganz zutreffend –, die von dem Sündenfall der Menschheit unberührt geblieben war. Diese Individualität war somit von dem eigentlichen Schicksal der Menschheit abgekoppelt worden und trat jetzt zum ersten Mal in Erscheinung.

„Wenn wir die Individualität, die in das Kind Jesus damals hineinversenkt wurde, kennenlernen wollen, so müssen wir weit zurückgehen, bis in die Zeit vor dem luziferischen Einfluß auf die Menschheit, bevor sich in den Astralleib der Menschen der luziferische Einfluß hineinerstreckt hat. Dieser luziferische Einfluß kam an die Menschen heran in derselben Zeit, als das Urmenschenpaar (Adam und Eva, T.H.), das menschliche Hauptpaar die Erde bevölkerte. (...) Der luziferische Einfluß kam heran, erstreckte seine Wirkungen auch in den astralischen Leib dieses Hauptpaares, und die Folge war, daß es unmöglich war, alle die Kräfte, die in Adam und Eva waren, auch herunterfließen zu lassen in die Nachkommen, durch das Blut der Nachkommen. Den physischen Leib mußte man durch alle die Geschlechter herunter sich fortpflanzen lassen, aber von dem Ätherleib behielt man in der Leitung der Menschheit etwas zurück. (...)

Das heißt, es wurde eine gewisse Summe von Kräften des Ätherleibes zurückbehalten. (...) Dieser noch unschuldige Teil des Adam wurde aufbewahrt in der großen Mutterloge der Menschheit, wurde dort gehegt und gepflegt. Das war sozusagen die Adam-Seele, die noch nicht berührt war von der menschlichen Schuld, die noch nicht verstrickt war in das, wodurch die Menschen zu Fall gekommen sind. Diese Urkräfte der Adam-Individualität wurden aufbewahrt. Sie waren da, und sie wurden jetzt als ,provisorisches Ich‘ dahin geleitet, wo dem Joseph und der Maria das Kind geboren wurde, und in den ersten Jahren hatte dieses Jesuskind die Kraft des ursprünglichen Stammvaters der Erdenmenschheit in sich.“ (Steiner, GA 114, 18.09.1909, S. 88 f.)

Der Nirmanakaya des Buddha

Als zweites Element, das den Jesusknaben des Lukasevangeliums kennzeichnet, kommt die Individualität des Buddha hinzu. Der Buddha durchbrach zwar das Rad der Wiedergeburt, brauchte sich also nicht mehr in Menschengestalt auf der Erde zu verkörpern, aber er wirkte weiterhin in die Menschheitsentwicklung ein, wenn auch in verwandelter Gestalt.

Der Buddha
Odilon Redon
Privatbesitz, Paris

„Von einer solchen Wesenheit wie dem Bodhisattva, der zum Buddha geworden ist, haben wir gesagt (...): Wenn sie eine solche Stufe durchmacht wie die des Bodhisattva zum Buddha, dann ist das eine letzte Inkarnation auf der Erde, wo das ganze Wesen des Betreffenden aufgeht in einem menschlichen Leibe. Eine solche Inkarnation macht dann ein solches Wesen nicht mehr durch. (...) Dennoch wäre es unrichtig, zu glauben, daß sich ein solches Wesen sodann ganz von dem Erdendasein zurückzieht. Es wirkt weiter herein in das Erdendasein. Es tritt zwar nicht unmittelbar in einen physischen Leib herein, aber es nimmt einen andern Leib an – sei er aus astralischer, sei er aus ätherischer Wesenheit gebildet – und wirkt so in die Welt herein. (...) [D]enjenigen Leib, den ein solches Wesen annimmt, nachdem es durch die Vollendung durchgegangen ist und jetzt in der geschilderten Weise herunterwirken kann; diesen nennt man einen Nirmanakaya." (Steiner, GA 114, 17.09.1909, S.70 ff.)

Dieser Nirmanakaya des Buddha verbindet sich nun zu einem bestimmten Zeitpunkt mit der astralischen Hülle des lukanischen Jesusknaben.

„Wir wissen, daß wir in der Geisteswissenschaft mehrere ‚Geburten' unterscheiden. In dem, was man die physische Geburt nennt, streift der Mensch gleichsam die physische Mutterhülle ab. Mit dem siebenten Jahre streift er die ätherische Hülle ab, welche ihn bis dahin, bis zum Zahnwechsel, ebenso umgibt wie bis zur physischen Geburt die physische Mutterhülle; und mit der Geschlechtsreife (...) streift der Mensch das ab, was er bis dahin wie eine astralische Hülle hat. Daher wird also des Menschen Ätherleib eigentlich erst mit dem siebenten Jahre als ein freier Leib nach außen geboren, und des Menschen astralischer Leib wird geboren mit der Geschlechtsreife; die äußere astralische Hülle wird dann abgestreift. (...)

Im gewöhnlichen Leben wird diese Hülle abgestreift und der äußeren astralischen Welt übergeben. Bei demjenigen Kinde, das aus der priesterlichen Linie des davidischen Geschlechtes stammte, trat etwas anderes ein. Es wurde mit dem zwölften Jahre die astralische Hülle abgestreift; aber sie löste sich nicht in der allgemeinen astralischen Welt auf, sondern so, wie sie war als schützende astralische Hülle des jungen Knaben mit all den belebenden Kräften, die zwischen der Zeit des Zahnwechsels und der Geschlechtsreife hineingeflossen waren, strömte sie jetzt zusammen mit dem, was sich als der Nirmanakaya des Buddha heruntergesenkt hatte." (Steiner, GA 114, 17.09.1909, S.72 f.)

Die Einswerdung

Nach Rudolf Steiner verbirgt sich in den Schilderungen des Matthäus also ein Knabe, der eine Wiederverkörperung des Zarathustra ist, während Lukas einen Knaben schildert, in dem sich die Ur-Adam-Individualität inkarniert und in den ab dem zwölften Jahr Buddhakräfte hineinwirken. All dies diente dazu, eine Hülle zu schaffen, in der sich die höchste göttliche Individualität, der Christus, inkarnieren konnte. Damit dies möglich wurde, mußten die beiden Jesusknaben quasi zu einer Person verschmelzen.

„Die beiden Kinder wachsen zusammen auf, der ältere von einer großen Reife und Weisheit, der jüngere von einer ungeheuren Seelenzartheit und Gefühlstiefe. Dem älteren wird noch eine Reihe von Geschwistern geboren; der jüngere bleibt das einzige Kind seines Vaters und seiner jungen Mutter.

Die beiden Familien leben in Freundschaft miteinander. Dann kommt das Osterfest, von dem das Lukas-Evangelium in der Geschichte vom zwölfjährigen Jesus erzählt. Beide Familien pilgern nach Jerusalem. Und nun spielt sich im Tempel ein unendlich bedeutsamer Vorgang zwischen den Knaben ab, der nicht als solcher äußerlich in Erscheinung tritt, der aber doch die Einswerdung dessen bewirkt, was bisher in eine Zweiheit auseinanderfiel. Rudolf Steiner sagt, daß das Ich des salomonischen Knaben auf den nathanischen Knaben übergegangen sei. Von einer solchen Umlagerung des Ich kann man sich heute schwer eine Vorstellung machen, weil es die üblichen Denk- und Weltanschauungsgewohnheiten schwermachen, überhaupt ein geistig wesenhaftes Ich im Menschen vorzustellen. (...)

Mit beiden Knaben geht nun eine Veränderung vor sich. Der lukanische, bisher schweigsam und zart, erwacht mit einem Male zu einer ganz erstaunlichen Kraft und Reife des Bewußtseins und des Denkens. Die Eltern erkennen ihr Kind, als sie es nach dreitägigem Suchen finden, fast nicht wieder: Nie haben sie es solche Worte sprechen hören.

Beide Familien leben weiter in Nazareth. Der salomonische Jesusknabe, von seinem Ich verlassen, siecht dahin und stirbt schließlich. Sein Vater ist schon vorher gestorben. In derselben Zeit stirbt auch die immer noch junge Mutter des nathanischen Jesus. Da nimmt der nazarenische Joseph aus dem nathanischen Geschlecht die verwitwete Maria aus der salomonischen Linie samt ihren Kindern zu sich. Nun lebt also der Jesusknabe mit seinem leiblichen Vater Joseph, seiner Stiefmutter Maria und seinen Stiefgeschwistern zusammen.“ (Bock, S.53 f.)

Drei Stufen des Verstehens

Mancher, der diese Ausführungen liest, wird sich vielleicht fragen, warum die Evangelisten, wenn sie schon aus übersinnlichen Quellen schöpften, das Geburtsgeschehen und auch den weiteren Lebensgang Jesu nicht in vollem Umfang, d.h. auch in seiner hier geschilderten Kompliziertheit darstellten. Der Hinweis auf die verschiedenen Mysterientraditionen (siehe oben) bot einen ersten Erklärungsansatz, den ich ein Stück weiterführen möchte.

In einem Vortrag vom 11. Juli 1920, gehalten in Dornach, führt Rudolf Steiner aus, daß es eine Diskrepanz gab zwischen dem, was um die Person Jesu und das Wesen des Christus tatsächlich geschehen ist, und dem, was man von diesen Vorgängen zu verschiedenen Zeiten verstanden hat. Steiner unterscheidet grob drei Stufen des Verstehens.

Die Geschichte vom zwölfjährigen Jesus im Tempel
Borgognone: Malerei in der Kirche S. Ambrogio, Mailand

Die erste Stufe liegt in der Zeit des Urchristentums, unmittelbar nach dem Geschehen, das in den Evangelien geschildert wird.

„Dasjenige also, was ursprünglich Mysterienweisheit war, das wurde in den ersten Jahrhunderten des Christentums verwendet, um das Mysterium von Golgatha zu verstehen. Und schließlich ist auch in die Evangelien nichts anderes eingeflossen als das, was Mysterienweisheit war. (...) Die Evangelien waren also in gewissem Sinne die alte Mysterienweisheit, angewendet auf das Mysterium von Golgatha. Das Beste, was die Menschen hatten an Begriffen, an Ideen, an inneren Seelenerlebnissen, suchte man zusammenzutragen, um dieses Mysterium von Golgatha in der richtigen Weise zu verstehen." (Steiner, GA 198, 11.07.1920, S.234)

Mit dem Schwinden des Verständnisses um die alten Mysterientraditionen schwand auch die Möglichkeit, das Mysterium von Golgatha zu verstehen, so daß die zweite Stufe des Verstehens im Grunde ein Nichtverstehen ist.

„Die Mysterienweisheit versiegte, das Mysterium von Golgatha konnte nicht mehr verstanden werden." (Steiner, GA 198, 11.07.1920, S.235)

Die dritte Stufe des Verstehens ist durch die Anthroposophie gegeben, muß aber erst noch von den Menschen errungen werden. Ihre Grundlage ist die erneuerte Einsicht in übersinnliche Zusammenhänge.

„[Die anthroposophisch orientierte Geisteswissenschaft] ist im wesentlichen darauf angewiesen, hinaufzusteigen zu dem Übersinnlichen. Indem sie aber wiederum hinaufsteigt zu dem Übersinnlichen, bringt sie der Menschheit etwas, was wesensverwandt ist mit der alten Mysterienweisheit, was daher wieder führen kann zu einem Verständnis des Mysteriums von Golgatha. Daher sind wir aus dem ganzen Gang der Entwicklung der Gegenwart heraus darauf angewiesen, anthroposophisch orientierte Geisteswissenschaft zu suchen, um die Anschauung des Mysteriums von Golgatha nicht überhaupt verschwinden zu lassen." (Steiner, GA 198, 11.07. 1920, S.240 f.)

Das Fünfte Evangelium

Indem Rudolf Steiner aus der Akasha-Chronik schöpft, ist es möglich geworden, Dinge auszusprechen und mitzuteilen, die früher, etwa zu Zeiten der Entstehung der Evangelien, nicht mitgeteilt werden konnten. Durch seine Mitteilungen sind Ansätze von dem gegeben, was er selbst das „Fünfte Evangelium" nannte.

„Aber es gibt auch Gesichtspunkte, nach denen man sich verpflichtet fühlt, diese Dinge mitzuteilen. Der eine Gesichtspunkt ist der, daß wahrhaftig in unserer Zeit notwendig ist eine Erneuerung des Christus Jesus-Verständnisses, ein erneuertes Hinblicken in das, was eigentlich in Palästina geschehen ist, was als Mysterium auf Golgatha sich vollzog. Aber noch einen anderen Gesichtspunkt gibt es. Dieser ist der, daß gerade okkulte Einsicht verwoben sei mit der ganzen Gesinnung, die aus der Geisteswissenschaft fließt, und die uns die Erkenntnis bringt, wie unendlich gesundende und kräftigende Nahrung für die Menschenseelen es ist, wenn sie öfter denken können an das, was sie als zu den größten Ereignissen zugehörig betrachten können. Es kann diesen Seelen eine Hilfe sein, sich zu erinnern an das Mysterium von Golgatha, an die konkreten Dinge, an das, was man im einzelnen heute noch erforschen kann. Und man kann heute mit okkultem Blicke die Dinge noch erforschen. So möchte ich den seelischen Wert der Erinnerung an solche Ereignisse betonen und möchte auf einiges eingehen, was sich aus der Akasha-Chronik ergibt als eine Art Evangelium, als Fünftes Evangelium. Die vier anderen sind auch nicht gleichzeitig geschrieben; sie sind geschrieben aus Inspiration durch die Akasha-Chronik. Wir leben heute in einem Zeitalter, wo sich das Christus Jesus-Wort erfüllt: ‚Ich bin bei euch alle Tage.‘ In besonderen Zeiten steht

Zuletzt erscheint der Tag ... und in der Sonnenscheibe selbst erstrahlt das Antlitz Jesu Christi (Nr. 24 aus „Die Versuchung des heiligen Antonius", 3. Serie, Ausschnitt)
Odilon Redon

er uns ganz besonders nahe, spricht Neues aus, was sich vollzogen hat zur Zeit des Mysteriums von Golgatha." (Steiner, GA 148, 16.11.1913, S.208)

Der Christus

Die überaus komplizierten und verwirrenden Vorgänge, die Rudolf Steiner aus übersinnlicher Erkenntnis mitgeteilt hat, konnten hier nur angedeutet werden. Für ein tieferes Verstehen wird es notwendig sein, auf die zahlreichen Schilderungen Steiners selbst zurückzugreifen. Doch eine Frage soll zum Abschluß noch beleuchtet werden: Welcher Sinn steckt hinter den von Rudolf Steiner geschilderten Vorgängen?

„Das alles war notwendig, damit der Leib zustande kommen konnte, welcher dann am Jordan die Johannes-Taufe' empfing. Damals verließ die Individualität des Zarathustra den dreifachen Leib – physischen Leib, Ätherleib, Astralleib – jenes Jesus, der auf so komplizierte Weise herangewachsen war, damit der Geist des Zarathustra in ihm sein konnte. Durch zwei Entwicklungsmöglichkeiten, die in den beiden Jesus-Knaben gegeben waren, mußte hindurchgehen der wiederverkörperte Zarathustra. Es stand also dem Täufer gegenüber der Leib des Jesus von Nazareth, und in diesen wirkte nun herein die kosmische Individualität des Christus." (Steiner, GA 15, S.75 f.)

Literatur:

Baigent, Michael/Leigh, Richard: Verschlußsache Jesus. Die Qumranrollen und die Wahrheit über das frühe Christentum. München 1991

Beck, Eleonore: Gottes Sohn kam in die Welt. Sachbuch zu den Weihnachtstexten. Stuttgart [4]1988

Die Bibel. Einheitsübersetzung der Heiligen Schrift. Stuttgart 1980

Bock, Emil: Kindheit und Jugend Jesu. Stuttgart [5]1982

Kümmel, Werner Georg: Einleitung in das Neue Testament. Heidelberg [21]1983

Steiner, Rudolf: Das Christentum als mystische Tatsache und die Mysterien des Altertums. GA 8, Tb., Dornach [8]1976

Steiner, Rudolf: Aus der Akasha-Chronik. GA 11, Tb., Dornach [5]1973

Steiner, Rudolf: Die geistige Führung des Menschen und der Menschheit. GA 15, Tb., Dornach [9]1974

Steiner, Rudolf: Mein Lebensgang. GA 28, Tb., Dornach [8]1982

Steiner, Rudolf: Das Johannes-Evangelium. GA 103, Dornach [10]1981

Steiner, Rudolf: Das Johannes-Evangelium im Verhältnis zu den drei anderen Evangelien, besonders zu dem Lukas-Evangelium. GA 112, Dornach [5]1975

Steiner, Rudolf: Das Lukas-Evangelium. GA 114, Dornach [7]1977

Steiner, Rudolf: Das Matthäus-Evangelium. GA 123, Dornach [6]1978

Steiner, Rudolf: Von Jesus zu Christus. GA 131, Tb., Dornach, [6]1982

Steiner, Rudolf: Aus der Akasha-Forschung. Das Fünfte Evangelium. GA148, Dornach [3]1980

Steiner, Rudolf: Heilfaktoren für den sozialen Organismus. GA 198, Dornach [2]1984

Christus ist auferstanden

INTERVIEW MIT HANS-WERNER SCHROEDER
von Wolfgang Weirauch

Hans-Werner Schroeder, *geboren 1931 in Frankfurt/Oder, nach dem Abitur in Görlitz Studium an der Freien Hochschule der Christengemeinschaft, Studium der Theologie und Naturwissenschaften an den Universitäten Heidelberg und Tübingen. 1955 Priesterweihe, Gemeindearbeit in Stuttgart und Berlin, 1978 Berufung in die Leitung der Freien Hochschule; seit 1979 als Lenker und Oberlenker in der Leitung der Christengemeinschaft. Buchveröffentlichungen: Das Gebet (³1988); Mensch und Engel (³1988); Das christliche Bekenntnis (²1988); Vom Erleben der Menschenweihehandlung (²1986); Der Mensch und das Böse (²1990); Das Evangelium im Jahreslauf (1988); Die Christengemeinschaft (1990).*
Zum Thema dieses Heftes: Dreieinigkeit und Dreifaltigkeit. Vom Geheimnis der Trinität (1986); Von der Wiederkunft Christi heute. Verheißung und Erfüllung (1991; alle im Verlag Urachhaus, Stuttgart).

Es ist kein unproblematisches Unterfangen, ein Interview über den Christus zu führen, da dies Dimensionen umfaßt, die kaum erschöpfend zu behandeln sind. Beide Interviewpartner waren sich dieser Schwierigkeit bewußt. Trotzdem haben wir versucht, den Facettenreichtum, der das Wirken der Christuswesenheit umfaßt, von vielen Seiten zu beleuchten, damit die interessierten Leserinnen und Leser in diese großen Zusammenhänge eintauchen können.

Das folgende Interview basiert selbstverständlich auf den Erkenntnissen Rudolf Steiners, die in der Gesamtausgabe seiner Werke und Vorträge publiziert sind.* Aus Platzgründen mußten wir darauf verzichten, alle Aussagen Rudolf Steiners erkenntnismäßig herzuleiten bzw. zu begründen, auch auf die Gefahr hin, daß manche Inhalte für Leser mit geringen anthroposophischen Vorkenntnissen gegebenenfalls grotesk erscheinen mögen. Wir haben aber die Zuversicht, daß man mit einem gewissen Maß an Unvoreingenommenheit die Inhalte des Interviews so auf sich wirken lassen kann, daß sie für sich selber sprechen.

Eine harte Nuß ist bereits der Anfang des Interviews: der Wesensaustausch von Zarathustra und Christus in dem Menschen Jesus, die Seelenverbindung zwischen der Mutter Jesu und seiner Stiefmutter sowie das sogenannte „Fünfte Evangelium" überhaupt. Hierbei handelt es sich um okkulte Erkenntnisse Rudolf Steiners über historisch unbekannte Tatsachen aus dem Leben Jesu, ferner um Begebenheiten des dreijährigen Christuswirkens, deren Schilderungen durch Steiner keineswegs mit der heutigen Bibelexegese übereinstimmen. Diese Erkenntnisse hat Rudolf Steiner in den Jahren 1913/14 vorgetragen; gesammelt in dem Band „Aus der Akasha-Forschung. Das Fünfte Evangelium" (GA 148).

Wir hoffen, daß wir mit dem folgenden Interview auf Ihr Interesse stoßen, denn Sie werden sehen, daß es sich bei der Thematik keineswegs nur um historische Tatsachen handelt, sondern um Zusammenhänge, die uns aktuell und zukünftig berühren.

Das Gespräch Jesu mit seiner Stiefmutter

Wolfgang Weirauch: Jesus hat am Ende seines dritten Lebensjahrzehnts ein langes Gespräch mit seiner Stiefmutter. In seiner Seele lebte damals ein großer Schmerz, er dachte an den Umschwung in seinem zwölften Lebensjahr, wußte damals laut Rudolf Steiner aber noch nicht, daß er der wiederverkörperte Zarathustra ist. Die Mutter hatte gesehen, wie er immer weiser geworden war, und sie verstand seine Traurigkeit, vor allem daß er sich in

---

*Die GA-Nummern in den Zitatangaben geben die jeweilige Bibliographienummer an. Danach folgen in der Regel benutzte Ausgabe und Vortragsdatum. Keine Autor- und Titelnennung.

die Stimmung vor seinem zwölften Lebensjahr zurücksehnte. Jesus machte seiner Stiefmutter in diesem Gespräch klar, daß alle alte Weisheit im Judentum, Heidentum und Essäertum den Kontakt der Menschen mit der göttlich-geistigen Welt nicht mehr aufrechterhalten konnte. Wieso reichte diese alte Weisheit nicht mehr aus, einen Kontakt der Menschen zur geistigen Welt herzustellen?

Hans-Werner Schroeder: Man kann das am besten verstehen, wenn man bedenkt, daß die Menschheit nicht einfach auf dem Entwicklungsstand stehenbleibt, auf dem sie einmal gewesen ist, sondern sich verändert und entwickelt. Zunächst entwickelt sie sich so, daß einerseits irdische Selbständigkeit und Tüchtigkeit entstehen, dafür aber die Beziehung zur geistigen Welt immer schwieriger wird.

Man kann sich das auch am Älterwerden des einzelnen Menschen klarmachen: Das Kind hat noch Kräfte zur Verfügung, die dem erwachsenen Menschen später fehlen, vor allem hat es noch ein unmittelbares Verständnis für geistige Dinge, zum Beispiel dafür, was ihm in Märchenbildern entgegentritt. Manche Kinder haben heute auch noch – bzw. wieder – ein hellsichtiges Vermögen, indem sie bestimmte geistige Wesen, wie Elementarwesen oder Engel, wahrnehmen können. Auch der Jugendliche hat noch eine Restbeziehung zur geistigen Welt dadurch, daß in jedem Jugendlichen Ideale vorhanden sind. Der ältere Mensch hat zwar meist diese Ideale auch noch irgendwo in sich, aber er ist konfrontiert mit der harten Wirklichkeit und erlebt, wie fragwürdig die Verwirklichung aller seiner Ideale geworden ist. Der Erwachsene verliert sehr oft die ursprüngliche Beziehung, die er als Kind bzw. Jugendlicher zu diesen Dingen einmal hatte.

Man kann das, was zur Zeit Jesu geschah, in dieser Tatsache des Älterwerdens der Menschheit erfassen, daß nämlich die Menschheit ihre Beziehung zur geistigen Welt, die sie vorher auf einer kindlichen bzw. jugendlichen Stufe noch innehatte, verliert, dafür aber die irdischen Tatsachen mehr und mehr ergreift. Das ist ein Prozeß, der sich, wie beim einzelnen Menschen auch, gegenseitig bedingt. Und so wie bei dem einzelnen Menschen dann eine bewußte Bemühung um geistige und religiöse Inhalte stattfinden muß, so ist es bei der älterwerdenden Menschheit ähnlich.

W.W.: Während dieses Gespräches – so schildert Rudolf Steiner in seinem sogenannten „Fünften Evangelium" – ging alles das, was seit dem zwölften Jahr in Jesus gelebt hat, zum Beispiel seine ganze Weisheit, an seine Mutter über. Er wird wie leer, und sie bekommt eine verwandelte Seele. Was ist zwischen beiden geschehen?

H.-W. Schroeder: Wenn man den Schilderungen Rudolf Steiners folgt, kann man sich vorstellen, daß zwischen diesen beiden Persönlichkeiten eine ganz innige und intensive Beziehung bestanden hat. Es gibt sehr tiefe innige Beziehungen zwischen Menschen; die Innigkeit zwischen Jesus und seiner Stiefmutter war aber wohl noch gesteigert. Aus dieser innigen Beziehung heraus ist es dem Jesus von Nazareth möglich, alles Leid und allen Schmerz, die er erfahren hat, endlich einmal in Worte zu fassen, seiner Mutter anzuvertrauen. Das gibt ihm die Möglichkeit, sich selber aus diesem Schmerz wie zu befreien, wie erlöst zu sein, und damit vollzieht sich gleichzeitig das, was Rudolf Steiner als das Herauslösen seiner Individualität, der Persönlichkeit des Zarathustra, schildert. Das Zarathustra-Ich kann sich mit diesem Ereignis von der Leiblichkeit des Jesus von Nazareth lösen; es geht in weitere Entwicklungen über.

Für die Mutter andererseits ist dieses Gespräch ebenfalls ein einschneidendes Erlebnis; sie fühlt sich gleichzeitig wie geöffnet für eine höhere geistige Realität. Und in diesen Zustand herein erfährt sie etwas wie eine Begnadung, wie eine Art Erkraftung ihrer eigenen Seelenart dadurch, daß sich jetzt eine andere Seelenkraft, nämlich die der eigentlichen Mutter des Jesus von Nazareth, mit ihr verbindet. Das sind alles ungewöhnliche Verhältnisse; man muß sich vorstellen, daß das für die außerordentlichen Ereignisse, die nun folgen, eine Vorbereitung war, sowohl für Jesus von Nazareth als auch für seine Stiefmutter, und daß die außergewöhnliche Aufgabe Jesu auch eine ganz außergewöhnliche Vorbereitung erforderte.

W.W.: Wie kann man verstehen, daß das Ich – in diesem Falle das des Zarathustra – aus einem Körper herausgeht?

H.-W. Schroeder: Das kann man grundsätzlich nur dadurch verstehen, daß man die Tatsachen der anthroposophischen Menschenkunde zur Kenntnis nimmt, nämlich daß sich in einem Menschenwesen mit der Geburt ein Ich verkörpert und daß sich mit dem Tode ein Ich aus dem Leibeszusammenhang herauslöst. Und dieses Herauslösen kann unter besonderen Umständen – bei großem Schmerz, bei bedeutenden Schicksalsereignissen – auch schon während des Erdenlebens geschehen. Das wäre eine Art Todeserlebnis, in unserem Falle eine Art Opfer. Es ist ein Opfer Zarathustras, daß er das, was er als Leiblichkeit ergriffen hat, wiederum verläßt und dadurch für das eigentliche Ereignis, das dann mit der Taufe stattfindet, Platz macht.

W.W.: Von Jesus schildert Rudolf Steiner weiter, daß er auf seine Umgebung so wirkte, als hätte er den Verstand verloren, nur noch zu einem Entschluß fähig: zu Johannes dem Täufer zu gehen. Ist diese für kurze Zeit ichlose Hülle des Jesus mit einem Menschen vergleichbar, dessen Handlungen durch sein Ich nicht mehr kontrolliert werden können?

H.-W. Schroeder: Schon, allerdings muß man berücksichtigen, daß diese „Hülle" des Jesus in einer ganz außerordentlichen Weise entwickelt war, daß da zum Beispiel die Seele, der Astralleib, in einer hochgradigen Weise vergeistigt war. Aus anderen Schilderungen Rudolf Steiners aus dem „Fünften Evangelium" geht aber zusätzlich hervor, daß Jesus, nachdem das Zarathustra-Ich ihn verlassen hatte, auf Begegnungen mit anderen Men-

Verkündigung
Fra Angelico, 1440–41
Fresko, San Marco, Florenz

schen, zum Beispiel mit den beiden Essäern, noch vernünftig reagieren kann. Diesen Eindruck, daß er nicht ganz bei Sinnen ist, den seine Brüder haben, ist ein momentaner Eindruck, dadurch bedingt, daß sich das Zarathustra-Ich herausgelöst hatte. Sicherlich aber konnte er sich noch wie in einem Nachklang seines bisherigen Schicksals vernünftig und weisheitsvoll bewegen und unterhalten, ähnlich wie er auch den Weg zu Johannes dem Täufer finden konnte.

Christus zieht in den Menschen Jesus ein

W.W.: Was geschah während der Taufe?

H.-W. Schroeder: Johannes der Täufer hatte als Wissender geistiger Zusammenhänge die Möglichkeit, Menschen durch die Taufe an die Schwelle des Todes heranzuführen, ohne sie damit in die Gefahr des Todes selber zu bringen. Durch das Untertauchen im Wasser kamen die Menschen damals wirklich an die Schwelle des Todes heran und hatten dabei diejenigen Erlebnisse, die der Mensch normalerweise an der Todesschwelle hat, nämlich die Wahrnehmung der geistigen Welt. Aber Johannes der Täufer hatte die Möglichkeit, dieses Geschehen so zu leiten, daß es zu keinem wirklichen Ertrinken führte, sondern daß der Mensch mit den Eindrücken der geistigen Welt weiterleben konnte. Er behielt diese Eindrücke auch in seinem Bewußtsein.

Etwas Ähnliches tritt bei Jesus von Nazareth ein. Allerdings ist kein Ich vorhanden, welches in die Gefahr des Todes geraten könnte; die Wesensglieder des Jesus von Nazareth werden so an den Rand des Todes gebracht, daß sie sich völlig öffnen können. Diesem Sich-Öffnen der Jesuswesenheit entspricht das, was im Evangelium als das Sich-Öffnen der Himmel, der geistigen Welten geschildert wird. Es tritt also in diesem Falle nicht nur eine *Nähe* der geistigen Welt ein, wie im Tode überhaupt, sondern die geistige Welt wird als *einwirkend* erlebt: Etwas zieht in die offenen Hüllen des Jesus von Nazareth ein, was im Bilde der Taube, begleitet von der Stimme aus der geistigen Welt, im Evangelium erscheint. Das, was in die Wesenheit des Jesus von Nazareth einzieht, ist der Christus selber, der hiermit sein Schicksal auf der Erde beginnt.

W.W.: Im Markusevangelium heißt es in bezug auf die Taufe zum Beispiel:

„Da kam Jesus von Nazareth in Galiläa und ließ sich von Johannes im Jordan taufen. Und plötzlich, als er aus dem Wasser emporstieg, sah er, wie die Himmel zerrissen und der Geist sich in der Gestalt einer Taube auf ihn niedersenkte. Und eine Stimme ertönte aus den Himmeln: Du bist mein geliebter Sohn, in dir bin ich geoffenbart." (Mk 1,9–11)

Auf welche Weise wirkt die Trinität bei diesem Taufgeschehen mit?

H.-W. Schroeder: Es erscheint die vollständige Trinität. Die Stimme aus der geistigen Welt ist das, was aus dem Wesen des Vatergottes den ganzen Vorgang impulsiert, denn dadurch, daß gesagt wird: „Du bist mein Sohn", kann man rückschließen, daß jetzt der Vater spricht. Die Taube, die sich herniedersenkt, ist Bild des Heiligen Geistes, der bei diesem Vorgang beteiligt ist und jetzt die Kraft des Jesus Christus mitbegleitet. Und das, was in den Jesus einzieht, ist der Christus selber, also der Sohn. Die Trinität ist vollständig an diesem Vorgang beteiligt.

W.W.: Was ist das Besondere daran, daß sich ein Gotteswesen in einem Menschenleib inkarniert, zum Beispiel im Hinblick auf Karma und Freiheit?

H.-W. Schroeder: Man kann sagen, daß diese Inkarnation im Gegensatz zu jeder menschlichen Inkarnation frei von Karma – also Schicksalsnotwendigkeit – war, denn diese Erdenverkörperung war eine vollständig freie Tat des Christus. Weil seine Inkarnation keineswegs karmisch bedingt war, war alles das, was innerhalb der drei Jahre bis zum Kreuzestod des Jesus Christus geschah, nicht etwa von ihm verschuldet. Sein Tod und sein Leiden war nicht aus einem früheren Verschulden ableitbar, sondern ein freiwilliges Opfer, das er auf sich genommen hat. Seine Tat war von vollständiger Freiheit durchdrungen und bekam dadurch erst die Bedeutung, die sie für die Menschheit hatte.

W.W.: Ist diese Freiheit und das Nichtvorhandensein eines Karma bei der vorchristlichen Inkarnation Luzifers und der noch kommenden Inkarnation Ahrimans nicht ganz gleich?

H.-W. Schroeder: Da muß ich zugeben, daß ich das nicht ganz überschaue, ob in diesen beiden Fällen auch vollständige Freiheit herrscht. Es könnte sein, daß hier eine übergeordnete Gesetzmäßigkeit hereinwirkt, die in diese beiden Inkarnationen Notwendigkeit hereinbringt. Der wesentliche Unterschied, der zu der Inkarnation des Christus besteht, ist, daß weder Luzifer noch Ahriman sich voll in einem Menschen inkarnieren können, und man müßte im Grunde von Inkorporationen, nicht von Inkarnationen sprechen, denn beide können die menschliche Natur nicht voll ergreifen.

W.W.: Kann man davon ausgehen, daß sich der Christus, dadurch daß er die Hüllen des Jesus bezieht, auch an die im Ätherleib und Astralleib eingeprägten Eindrücke erinnert?

H.-W. Schroeder: Ja, das ist wohl der Fall. Er nimmt im Astralleib und im Ätherleib die Erinnerungseindrücke und Gedankenkräfte, die durch Zarathustra entfaltet und da vorhanden sind, wahr und ist in gewisser Weise auch von diesen Erkenntnissen und Erinnerungseindrücken abhängig. Alles das, was später im Evangelium geschildert wird, ist auch auf diesem Hintergrund mit zu sehen.

W.W.: Gleich nach der Taufe zieht es Christus in die Wüste, er begegnet dort zuerst Luzifer, dann Luzifer und Ahriman zusammen, dann Ahriman alleine. Was hat es mit diesen drei Versuchungsgeschichten auf sich?

Die Flucht nach Ägypten
Odilon Redon, um 1902
Privatbesitz, New York

Die Versuchung
Gustave Moreau
Paris, Musée Moreau

Ahriman bleibt bei der Versuchung unbesiegt

H.-W. Schroeder: Der wichtigste Aspekt für unsere jetzige Betrachtung ist: Für den Christus tritt das Erlebnis auf, daß in den drei Hüllen – Astralleib, Ätherleib, physischer Leib –, die er betritt, auch die Widersachermächte anwesend sind. Dies ist der Fall, obwohl diese drei Hüllen in einem hohen Maße vergeistigt und nicht mit anderen menschlichen Hüllen vergleichbar sind. Obwohl sie bis zum 30. Lebensjahr eine so hohe geistige Entwicklung durchgemacht haben, ist doch die vollständige Freiheit von der luziferischen und ahrimanischen Wirkung nicht erreicht worden. Indem sich also der Christus bei der Taufe inkarniert, trifft er als erstes auf die Wirksamkeit von Luzifer und Ahriman in seinen Hüllen. Die Versuchung beschreibt Schritt für Schritt die Überwindung dieser Gegenmächte in diesen Hüllen.

Versuchung Christi mit Darstellung des Tempels
Book of Kells, um 800
Trinity College Dublin

Bei der ersten Versuchung trifft er Luzifer in seinem Astralleib an. Rudolf Steiner bemerkt dazu: Wenn auch nur noch der geringste Hochmut in dem Wesen des Jesus von Nazareth gewesen wäre, wenn dieser Hochmut nicht durch die schmerzvollen Erlebnisse des Jesusschicksals ausgebrannt worden wäre, dann wäre es nicht möglich gewesen, Luzifer in die Flucht zu schlagen. Es war aber kein Hochmut mehr in diesem Astralleib, da er vollkommen erfüllt von Hingabe und Mitempfinden mit den Wesen der Welt war. Dadurch konnte diese Versuchung abgeschlagen werden.

Die zweite Versuchung, die durch Luzifer und Ahriman gemeinsam an den Christus herangetragen wurde, bedeutete: Er hätte sich so mit seinen Hüllen verbinden können, daß er alle Schwierigkeiten, die ihm in den nächsten drei Jahren aus dem langsamen schmerzvollen „Ein-leben" in die menschliche Existenz entstehen würden, hätte überspielen können. Er hätte seine Hüllen magisch, wie mit einem Griff ergreifen können, statt dessen hat er sich aber in den drei Jahren langsam in die Hüllen eingelebt. Diese Versuchung tritt in dem Bilde des Sturzes vom Tempel auf. Die Widersachermächte bringen also an ihn die Versuchung heran, sich in diese Hüllen „hineinzustürzen", ohne sich in sie hineinzuentwickeln, ohne sich Schritt für Schritt mit ihnen zu verbinden und dadurch auch das Leiden zu erdulden, daß ihm dadurch beschert wird. Auch diese Versuchung kann Christus zurückweisen.

Die dritte Versuchung hängt mit den physischen Gegebenheiten des menschlichen Leibes zusammen: daß er sich ernähren muß, daß dazu Geld notwendig ist usw. Diese rein ahrimanische Versuchung kann Christus nicht völlig zurückweisen, da er damit keine Erfahrung hat. Diese Versuchung ist also nicht vollständig bewältigt, obwohl er mit einem Zitat aus der Bibel Ahriman zeigen kann, daß er im physischen Leib eine gewisse Verbindung zur geistigen Welt aufrechterhalten kann, aber er kann den zweiten Teil des Problems nicht bewältigen. So bleibt Ahriman hier unbesiegt. Das aber führt später zum Zugriff Ahrimans im Tode.

W.W.: Das Neue ist für Christus wahrscheinlich auch, daß er die Wesen Luzifer und Ahriman aus der geistigen Welt zwar kennt, sie ihm aber nun im physischen Leib entgegentreten.

H.-W. Schroeder: Genau, er kennt sie, aber nicht so, wie sie während einer Inkarnation wirken.

Auch die Jünger haben Christus nicht sofort erkannt

W.W.: Jesus hatte ja seiner Mutter erzählt, daß die Menschen das Göttlich-Geistige zu seiner Zeit nicht mehr aufnehmen können, erlebt nun aber, wie die Jünger und andere ihm folgen. Nun ist er das Göttlich-Geistige schlechthin; auf welche Weise haben die ihm nachfolgenden Jünger dieses gespürt?

Abendmahl
Emil Nolde, 1909
Kopenhagen, Statens Museum for Kunst

Ecce homo
Lovis Corinth, 1925
Basel, Kunstmuseum

H.-W. Schroeder: Anhand der Evangelien kann man sehen, daß es auch für die Jünger gar nicht einfach war, Christus überhaupt zu erkennen. Dann muß man aber bedenken, daß die Jünger aufgrund ihres Schicksals vorbereitete Menschen gewesen sind. Es waren zwölf Menschen, die das Schicksal so vorbereitet hatte, daß sie den Ruf zur Nachfolge Christi annehmen konnten. Aber es kann keine Rede davon sein, daß sie ihn sofort erkannt hätten. Sie haben gespürt, daß eine besondere Kraft und Macht von ihm ausging, haben dadurch Vertrauen zu ihm gefaßt und dann im Verlauf der drei Jahre mehr oder weniger unvollständig Einblick in das bekommen, was ihnen durch Christus entgegentrat. Es war schon ein ganz herausgehobener Moment, als Petrus bei Cäsarea Philippi bekennen konnte: „Du bist der Messias, der Christus!" (Mk 8,29)

Aber dann kommt ja erst noch die Verleugnung und die Flucht angesichts der Passion, woran man sieht, daß nicht einmal Petrus in der Lage war, dieses Bewußtsein aufrechtzuerhalten. Gerade die Evangelien schildern also, wie schwierig es den Menschen gefallen ist, die Christuswesenheit zu erkennen. Und der eigentliche Durchbruch zum Erkennen vollzieht sich erst zu Pfingsten.

W.W.: Es wird erzählt, daß oftmals der Christus durch die Jünger sprach, wobei sein physischer Leib nicht anwesend war, wohl aber sein Ätherleib. Wieso konnten die Menschen den Unterschied nicht verstehen bzw. physisch sehen? Wieso erkannten sie nicht, daß sie physisch zum Beispiel Petrus vor sich hatten, obgleich Christus aus ihm sprach?

H.-W. Schroeder: Man muß sich dabei deutlich machen, daß die Wahrnehmung der Menschen zu damaliger Zeit noch um einiges anders war als heute. Sie haben viel weniger den physischen Tatbestand ins Auge gefaßt. Es ist doch interessant, daß in den Evangelien nichts vom Äußeren der Jünger oder anderer Menschen geschildert wird: Weder die Jünger noch der Christus selber werden nach Größe, Haarfarbe, Augenfarbe oder Alter beschrieben. Alles, was physisch an der Erscheinung ist, wird außer acht gelassen: Statt dessen wird ganz stark der geistige Eindruck ins Auge gefaßt. Von daher kann ich mir erklären, daß die Menschen, wenn der Christus durch den Petrus sprach, wirklich den Eindruck hatten, daß es Christus und nicht Petrus ist: durch das Wahrnehmen der *geistigen* Kraft des Christus. Andererseits prägte diese geistige Kraft auch die physische äußere Erscheinung des Petrus viel stärker, als wir uns heute vorstellen können. Die Menschen waren aber doch mehr auf die geistigen als auf die physischen Eindrücke fixiert.

W.W.: Trotzdem ist dies schwer nachzuvollziehen: Nehmen wir an, es waren Bekannte, die täglich mit einem bestimmten Jünger umgegangen sind. Wenn nun durch diesen Jünger der Christus sprach, so ist es kaum verständlich, daß diese Bekannten plötzlich nicht mehr wußten, daß es sich physisch um den entsprechenden Jünger handelte.

H.-W. Schroeder: Ja, das ist natürlich richtig. Ich glaube, daß das, was Rudolf Steiner da äußert, nicht für die Nächsten gilt, aber für die fernerstehenden Menschen. Das war eine Unsicherheit, die mehr im Umkreis des Christus auftrat.

Durch den Tod geht nur, was in ihm selber Mensch geworden ist

W.W.: Christus führt kurz vor seinem Tode die drei auserwählten Jünger Petrus, Jakobus und Johannes auf den Ölberg, damit sie mit ihm wachbleiben, aber sie schlafen ein. Was hat Christus damit gemeint, als er den Satz aussprach: „Vater, laß diesen Kelch an mir vorübergehen"? (Mk 14,36)

H.-W. Schroeder: Rudolf Steiner weist zum einen darauf hin, daß sich dies auf die Verbundenheit des Christus mit seinen Jüngern bezieht. In dem Todeskampf, der in Gethsemane bereits einsetzt, braucht er die menschliche Unterstützung durch das Bewußtsein der ihm nächst verbundenen drei Jünger. Um diese Unterstützung bittet und ringt er. Der Kelch besteht also darin, daß er in eine vollständige Einsamkeit hereingestürzt wird, zusätzlich zu dem Leiden, das ihm sowieso bevorsteht. Er muß also mit dem Bewußtsein leben, daß seine allernächsten Jünger ihm nicht mehr folgen können und in Schlaf verfallen. Es hätte die Möglichkeit bestanden, daß es auch anders hätte kommen können, und darum bittet er in diesen Worten, daß dieser Kelch an ihm vorübergehe.

Aber auch ein anderer Aspekt wird von Rudolf Steiner ausgeführt, daß nämlich in diesem Zeitpunkt bereits die Gefahr bestand, daß er sterben könnte, daß der physische Leib, der ihm drei Jahre gedient hatte, durch die Einwohnung des Christus schon so hinfällig war, daß der Tod hätte eintreten können. Und Christus bittet dann mit diesen Worten – und das ist ein anderer Aspekt, wie ja überhaupt viele Evangelienstellen verschiedene Aspekte haben – um Beistand, daß er die Kraft aufbringen könne, diesen morsch gewordenen physischen Leib noch bis zum Schluß durchzutragen. Denn nur durch den Tod und die anschließende Auferstehung konnte das Ereignis seine volle Gültigkeit erhalten. Wäre der Tod vorzeitig eingetreten, wäre das nicht möglich gewesen.

W.W.: Wie kann man es verstehen, daß gegen das Ende seines Erdenlebens die Verbindung zwischen Christus und seinem physischen Leib immer lockerer wird?

H.-W. Schroeder: Das ist eine vielschichtige Angelegenheit. Auf der einen Seite muß man sich klarmachen, daß die Verbindung des Christus mit seinem Leib gerade immer enger wird, auf der anderen Seite wird sie immer lockerer. Das ist also ein schwieriges christologisches Problem. Auf der einen Seite lebt sich Christus durch die drei Jahre hindurch immer tiefer

Dornenkrone
Alexej von Jawlensky, 1918
München, Bayerische Staatsgemäldesammlung. © VG Bild-Kunst, Bonn, 1992

White Crucifixion
Marc Chagall, 1938
© VG Bild-Kunst, Bonn, 1992

in seine Menschlichkeit hinein. Das ist das, was während der dreimaligen Versuchung durch die Widersachermächte verhindert werden sollte, als sie ihm nahelegten, seine Menschlichkeit zu negieren und nur mit einer Art Magie über diese zu herrschen. Statt dessen wird Christus während der drei Jahre immer mehr Mensch, was aber andererseits bedeutet, daß er seine *göttliche Vollmacht* immer mehr hinter sich läßt. Und wenn Rudolf Steiner ausspricht, daß der Christus eine immer losere Beziehung zu seiner physischen Leiblichkeit gegen Ende seines Erdenlebens hin bekommt, dann weist er auf die andere Seite des gleichen Tatbestandes hin, daß sich Christus in seiner *göttlichen* Dimension immer mehr zurückzieht. Diese beiden Tatbestände muß man zusammensehen, sonst versteht man das Gesamtgeschehen nicht.

W.W.: Im Markusevangelium 14,51 f. wird von einem Jüngling im Leinengewand gesprochen, den die Häscher greifen wollen, aber nicht bekommen, da er nackt flieht. Was hat es mit diesem Jüngling auf sich?

H.-W. Schroeder: Dieser Jüngling ist die kosmische Seite, der kosmische Impuls des Christus. Wir können auch sagen, daß dies die göttliche Seite des Christuswesens ist. Diese göttliche Seite des Christus muß sich nun mit dem Tode zurückziehen, da sie nicht mit durch den Tod hindurchgeht, denn durch den Tod geht das, was in ihm selber Mensch geworden ist, also das, was sich in seinem Ich der menschlichen Seite so weit angenähert hat, daß er auch Schmerz, Leid und Qualen durchleiden kann. Es gibt andere Schilderungen Rudolf Steiners, in denen er ausdrücklich bestätigt, daß der Christus alle Todesqual, die mit dem Kreuzestod verbunden war, auch wirklich erlebt hat, daß er sich nicht etwa, wie eine gnostische Auffassung besagt, vor dem Kreuzestod aus seinem Leib herausgelöst hat und nur der Mensch Jesus von Nazareth diesen Tod erduldet hat. Auch hier müssen wir wieder beide Aspekte im Auge behalten: die ganz Mensch gewordene Seite des Christus, die voll durch den Tod hindurchgeht, und die kosmische Seite des Christus, die sich für einen Augenblick zurückziehen muß und die dann als Jüngling am Grabe (Mk 16) erscheint.

Alle geistigen Verhältnisse der Erde veränderten sich in diesem Augenblick

W.W.: Dieser Jüngling, den Sie ansprechen, erscheint am Auferstehungsmorgen Maria Magdalena und Maria, Jakobus Mutter. Kurz darauf erscheint Maria Magdalena der Auferstandene selbst. Wieso erkennt sie ihn nicht als Jüngling am Grab, vor allem nicht in seiner Erscheinungsweise als Auferstandener?

H.-W. Schroeder: Wie gesagt, der Jüngling am Grabe ist nicht der Auferstandene selber, sondern die kosmische Dimension des Christus, die sich zurückziehen mußte, nun aber wieder erscheint. Daraus sieht man, daß der kosmische Impuls und das Wesen des Auferstandenen nicht identisch sind. Der Jüngling sagt ja, daß Christus auferstanden ist und nicht hier sei, was nur dann einen Sinn macht, wenn der Auferstandene etwas anderes ist als der Jüngling selbst. Daraus wird auch klar, warum die Frauen ihn am Grabe nicht als Auferstandenen erkennen. Maria Magdalena kannte ihn während des Lebens natürlich sehr gut und erkennt ihn trotzdem später (Joh 20) nicht, da er als Auferstandener vollständig verändert ist, auch in seiner leiblichen Erscheinung. Sie kann die neue Leiblichkeit nicht unmittelbar mit dem Eindruck, den sie bisher von seiner physischen Leiblichkeit hatte, identifizieren. Vor allem muß man auch bedenken, daß der Christus Jesus während der letzten Wochen und Tage einen sehr hinfälligen Eindruck machte, den Eindruck eines auf den Tod Zugehenden, und das ist auf gar keine Weise mehr mit dem Eindruck zu identifizieren, der jetzt von dem Auferstandenen ausgeht.

W.W.: Das Mysterium von Golgatha wird als ein Erdvorgang beschrieben, der sich von allen anderen gewaltig unterscheidet. Rudolf Steiner verweist uns in GA 103 auf einen Bewohner eines anderen Sternes, der die Erde von außen beobachtet und den Ätherleib und Astralleib der Erde als Lichtaura betrachtet.

„Die Aura der Erde, Astralleib und Ätherleib bieten einen gewissen Anblick von Farben und Formen vor dem Ereignis von Golgatha; dann aber würde er sehen, wie die ganze Aura ihre Farben ändert von einem bestimmten Zeitpunkte an. Welcher Zeitpunkt ist das? Das ist derselbe Zeitpunkt, wo auf Golgatha das Blut aus den Wunden des Christus Jesus floß. Alle geistigen Verhältnisse der Erde als solche veränderten sich in diesem Augenblicke."

Und wenig später fährt er fort: „In dem Moment, da das Ereignis von Golgatha geschah, hat die Kraft, der Impuls, der früher nur von der Sonne der Erde zuströmen konnte im Lichte, angefangen, sich mit der Erde selbst zu vereinigen; und dadurch, daß der Logos angefangen hat, mit der Erde sich zu vereinigen, dadurch ist die Aura der Erde eine andere geworden." (GA 103/1975/26.05.1908/S.122 f.)

Was ist in diesem Moment geschehen?

H.-W. Schroeder: Das Wesentliche ist in dem Zitat schon enthalten, also daß eine zusätzliche Kraft in die Erdenaura überfließt, die zunächst in der Leiblichkeit des Jesus von Nazareth durch die Christuseinwohnung entstanden ist, dadurch, daß der Christus das Blut dieser Leiblichkeit vollständig vergeistigt hat, vollständig in eine höhere Kraft umgewandelt hat. Indem dieses Blut nun in die Erde fließt, entsteht ein „Ein-fluß" auf die Erdenaura, der sich so geltend macht, wie es Rudolf Steiner in dem verlesenen Zitat beschreibt. Vielleicht kann man sich das noch dadurch verdeutlichen, daß ja in der Aura eines Menschen, wenn man sie hellsichtig betrachten kann,

El Espolio (Christus wird seiner Kleider beraubt)
El Greco, 1577–79
Toledo, Kathedrale

durch einen spirituellen Gedanken oder durch ein dem Geistigen zugewandtes Gefühl auch eine Veränderung eintritt. Die Aura hat verschiedene dunkle und helle Bereiche, und dadurch, daß der Mensch sich dem Geistigen zuwendet, tritt auch in der Aura des Menschen ein Lichtelement auf. Etwas Entsprechendes ist durch die Einwirkung des Christus für die gesamte Erde geschehen. Wobei man sich klarmachen muß, daß dies zunächst nur ein leises Aufglimmen, Aufleuchten ist, das später in der Erdenaura eine immer stärkere Kraft wird.

Der Bewußtseinsschlaf der Jünger

W.W.: In GA 148 (1975/02.10.1913/S.33 f.) weist Rudolf Steiner darauf hin, wie Johannes, Jakobus und Petrus mit Christus am Gründonnerstagabend in den Garten Gethsemane gehen und wie sie dort in einen über 50 Tage dauernden Bewußtseinsschlaf sinken, aus dem sie erst wieder zu Pfingsten erwachen. Wie kann es angehen, daß die ganzen Ereignisse des Mysteriums von Golgatha, das Ereignis der Himmelfahrt usw. von den Jüngern nur mit einer Art Schlafbewußtsein aufgenommen worden sind, und was hat sich zu Pfingsten ereignet, daß sie ein Aufwacherlebnis bezüglich der vergangenen 53 Tage erfuhren?

H.-W. Schroeder: Man erinnere sich nur, wie man durch Schmerz und Mitleid wie betäubt sein kann. Großer Schmerz, große Erschütterungen können die Bewußtseinsmöglichkeit, die der Mensch zunächst hat, übersteigen, so daß der Mensch wie betäubt für alle weiteren Erlebnisse sein kann. Etwas Ähnliches muß man sich bei den Jüngern vorstellen. Sie hatten zunächst eine vollständig andere Erwartung an das, was sie mit der Christusmission verbanden. Es kommt auch in den Evangelien immer wieder zum Ausdruck, daß die Jünger, wenn Christus von seinen Leiden und von seinem Tod spricht, dies überhaupt nicht verstehen können. Sie hatten also überhaupt kein Verständnis für die Umstände seines Todes und alle damit verbundenen Tatsachen. Und weil sie ihn tief liebten und in allertiefstem Sinne mit ihm verbunden waren, waren sie nicht nur vollständig überrascht, sondern geradezu überwältigt und betäubt von den Tatsachen, die sie miterleben mußten.

Sie hatten also nicht nur kein Verständnis dafür, was allein schon eine Bewußtseinstrübung hervorgerufen hätte, sondern sie waren auch in ihrem Miterleben der Vorgänge vollständig überfordert und überwältigt. Das wirkte wie eine Betäubung in ihrer Seele, ähnlich wie auch im normalen menschlichen Schicksal derartige Betäubungen auftreten können. Das bedingt den Bewußtseinsschlaf, von dem Rudolf Steiner spricht, der dann erst zu Pfingsten durch ein plötzliches Erwachen abgelöst wird, so daß sie plötzlich verstehen konnten, was eigentlich geschehen war.

Die verschiedenen Erscheinungsweisen des Auferstandenen

W.W.: Die Jünger wußten zuerst nicht, daß sie mit dem Auferstandenen zusammen waren. Wieso haben sie ihn zuerst nicht erkannt, und wodurch haben sie schließlich doch erkannt, daß derjenige, mit dem sie vor dem Mysterium von Golgatha zusammen waren, derselbe ist wie derjenige, der als Auferstandener mit ihnen gewandelt ist?

H.-W. Schroeder: Die Tatsache, daß sie ihn zunächst nicht erkennen, weist wiederum darauf hin, daß er in seiner Erscheinungsweise verändert ist, daß also nicht etwa die Erscheinung wie in den drei Jahren fortgesetzt wird. Die Leiblichkeit, in der er erscheint, ist eine veränderte, eine vergeistigte. Dadurch erkennen die Jünger Christus nicht gleich. Sie erkennen ihn dann aber an Geschehnissen, die sie aus seinem Erdenleben heraus kennen, zum Beispiel wird von den Emmaus-Jüngern gesagt, daß sie ihn am Brotbrechen erkennen: Es kommt eine Szene, die sie während der drei Jahre im Zusammenleben mit ihm schon an ihm erlebt haben, plötzlich in Deckung mit dem, was sie jetzt erleben. Und durch die Erinnerungsmöglichkeit, die sie an die Geschehnisse während der drei Jahre haben, können sie das plötzlich realisieren, daß er es ist. Erinnerungen an die drei Jahre machen es ihnen also möglich, die Realisierung seiner Gegenwart zu vollziehen.

W.W.: Benötigen die Jünger einen gewissen Grad der Hellsichtigkeit, um den Auferstehungsleib schauen zu können?

H.-W. Schroeder: Ja, offenbar werden die Reste des alten Hellsehens in den Jüngern wachgerufen, um die Wahrnehmung des Auferstandenen zu haben.

W.W.: Aus der Jüngerschar sticht besonders der Jünger Thomas heraus, der den Auferstandenen berühren muß, um an ihn glauben zu können. Wie kann man einen nichtsinnlichen Leib berühren und dabei sogar noch etwas spüren (Joh 20,26 f.)?

H.-W. Schroeder: Das ist eine ganz schwierige Frage, da es eine Frage an die Natur des Auferstehungsleibes selber ist. Zunächst möchte ich darauf hinweisen, daß im Johannesevangelium nicht geschildert ist, daß er ihn direkt anfaßt.

W.W.: Aber er berührt ihn doch!

H.-W. Schroeder: Das ist jedenfalls nirgendwo geschildert!

W.W.: Legt er denn nicht seine Hände in die Wunden des Auferstandenen?

H.-W. Schroeder: Johannes läßt dies offen. Wir müssen es auch offenlassen, ob er es wirklich getan hat. Ich möchte es nicht absolut in Frage stellen, aber immerhin läßt Johannes es offen. Aus dem Johannesevangelium könnte man schließen, daß die rein geistige Gegenwart des Christus, des Auferstehungsleibes so mächtig wird, daß der Thomas daran schon sein

Das Wiedersehen
Ernst Barlach, 1926 (Christus und Thomas, Detail)

Lehrender Christus
Ernst Barlach, 1992

Erlebnis der Gegenwart hat, so daß es der Berührung der Wunden nicht mehr bedarf. Aber Rudolf Steiner weist ja auch darauf hin, daß an den Stellen, an denen der physische Leib verwundet ist – durch die Nägel und die Speerwunde –, der Ätherleib und der Astralleib eine besondere Kraft aufwenden müssen, um die Wunde des physischen Leibes wieder schließen zu können. Besonders wenn es sich um eine intensive Verletzung handelt, entstehen an einem derart verwundeten Menschen besondere Kräfte, die sich an dem Auferstehungsleib des Christus so auswirken, daß der Auferstehungsleib an diesen Stellen besonders kraft- und machtvoll wirkt. Dadurch ergibt sich eine besondere Verdichtung, die von Thomas sicherlich auch hätte wahrgenommen werden können und vielleicht wahrgenommen worden ist. Die grundsätzliche Tastbarkeit des Auferstehungsleibes bleibt natürlich trotzdem eine Frage.

Man kann sich diesem Problem etwas annähern, wenn man bedenkt, daß Kräfte, die für unsere Sinne zunächst unsichtbar sind, eventuell wahrnehmbar werden, zum Beispiel im Bereich der Elektrizität. Dieses sinnlich zunächst unsichtbare Element kann so kraftvoll wirken, daß es zum Beispiel durch einen elektrischen „Schlag" „tastbar" und durch einen Lichtbogen für das Auge wahrnehmbar wird. Da hat man also im „untersinnlichen" Bereich eine Parallele dafür, daß bestimmte Kräfte sich so verdichten können, daß sie bis in die physische Wahrnehmbarkeit durchschlagen. Das ist wie eine Art Hinweis für das, was auf einer *höheren* Ebene als Auferstehungsleib erlebt werden kann, der eine ungeheure physische Vollmacht in sich erzeugt hat.

W.W.: Aufgrund der Schilderung von Johannes 20,1–17 ergibt sich eine klare und detaillierte Beschreibung der Ereignisse am Ostermorgen: Ein Jünger läuft schneller als der andere, Maria Magdalena dreht sich um, der Leichnam ist weg, es wird von Leinentüchern berichtet usw. Es handelt sich also um reale Vorgänge der sinnlichen Welt. Rudolf Steiner spricht in GA 131 (S.187) darüber, daß sich die mineralischen Bestandteile des physischen Leichnams verflüchtigt haben und deswegen nur noch die Leinentücher im Grab lagen, andererseits spricht Rudolf Steiner von einem Erdbeben, durch das der Leichnam in einen Erdspalt verschwunden sein soll:

„Es war mir frappierend, nachdem ich aus okkulten Forschungen herausgefunden hatte, daß ein Erdbeben stattgefunden hatte, im Matthäus-Evangelium dieses angedeutet zu finden. Es spaltete sich die Erde, der Staub des Leichnams fiel hinein und verband sich mit der ganzen Substanz der Erde. Durch das Durcheinanderrütteln infolge des Erdbebens wurden die Tücher so gerüttelt, wie man sie dort nach der Beschreibung des Johannes-Evangeliums beschrieben findet. Es ist das im Johannes-Evangelium wunderbar geschildert." (GA 130/1977/09.01.1912/S.223)

Wie ist es zu erklären, daß ein mineralisch-physischer Leib, der ans Kreuz genagelt wird, bereits eineinhalb Tage später zu Staub zerfällt?

H.-W. Schroeder: Die Wirkung der Christuseinwohnung in diesem Leib war doch so, daß dieser Leib kurz vor seinem Tode bereits wie ausgebrannt war. Er wurde zwar noch zusammengehalten, aber schon bei der Kreuztragung kam zutage, daß der Christus nicht mehr in der Lage ist, diese physische Anforderung zu bewältigen, daß er darunter zusammenbricht, aber die Leiblichkeit noch so weit konsistent ist, daß sich eine Annagelung an das Kreuz vollziehen kann. Trotzdem ist der Zusammenhalt des physischen Leibes soweit in Frage gestellt, daß die üblichen Grabbeigaben – Salben, Spezereien usw. –, die verwendet wurden, um den Leichnam für die Grablegung zuzubereiten, genügten, um die Auflösung des physisch-mineralischen Leibes so weit zu befördern, daß sein Zerfallen eintrat, genau wie Rudolf Steiner es beschreibt. Auch bei gewöhnlichen Verstorbenen lösen sich die Leichname auf sehr verschiedene Weise auf: Durch bestimmte Krankheiten und gewisse Schicksalsverhältnisse kann es sein, daß sich die physisch-mineralischen Leiber sehr schnell auflösen, wiederum bei anderen dauert dies sehr viel länger. Bei Christus war die Auflösung sehr schnell, und der Rest seines Leibes ist dann in der von Rudolf Steiner geschilderten Art von der Erde aufgenommen worden.

Luzifer bindet die Phantomkräfte an den mineralischen Leib

W.W.: Rudolf Steiner spricht davon, wie während der gesamten Erdenentwicklung vom alten Saturn an der Keim des physischen Leibes bzw. des Phantomleibes durch die Throne gelegt und dann von den Kyriotetes, Dynameis und den Exusiai weiterentwickelt worden ist. Wie kann man diesen Phantomleib verstehen, und wie hängt er heute mit dem mineralischen Leib des Menschen zusammen?

H.-W. Schroeder: Die eindrucksvollste Hinführung zu diesem Gedanken vom Phantomleib ist meines Erachtens das Beispiel, welches Rudolf Steiner in dem Zyklus „Von Jesus zu Christus" (GA 131) selbst gibt, wo er davon spricht, daß man sich einen Kastenwagen vorstellen solle, beladen mit Äpfeln oder Kartoffeln. Dann solle man sich vorstellen, daß man zwar die Äpfel bzw. Kartoffeln sieht, den Wagen selber aber nicht. Dann hätte man eine Ansammlung von Materie, die eine bestimmte Formkraft hat, aber man würde nicht wahrnehmen, daß diese Materie durch eine bestimmte Formkraft strukturiert wird. Genauso ist es mit unserem physischen Leib, der eine bestimmte Form hat, in welchem sich wiederum eine bestimmte Anzahl von mineralischen Bestandteilen befindet, die nun diese Form ausfüllen. Mit diesem Vergleich weist Rudolf Steiner auf die Formkräfte hin, die mit dem Phantomleib zusammenhängen und die bewirken, daß die materiellen Bestandteile des physischen Leibes gerade die Form haben, die sie haben. Dieses besondere Formelement kommt zu den mineralischen

Bestandteilen hinzu, denn die Form haben diese nicht durch sich selber. Hier liegt auch die Unterscheidung: Das Prinzip des physischen Leibes sind diese Formkräfte, die Rudolf Steiner Phantomleib nennt, ein Kräfteorganismus, der im wesentlichen die Gestalt des Leibes bestimmt, und auf der anderen Seite haben wir das, was materielle Ausfüllung dieser Formkräfte ist.

W.W.: Was ist durch den Einfluß Luzifers geschehen? Wie kann man den Fall in die Materie verstehen?

H.-W. Schroeder: Durch die Einwirkung der luziferischen Kräfte beim Sündenfall entsteht eine zu starke Bindung der Phantomkräfte an die materiellen Bestandteile des menschlichen Leibes, und dadurch greifen die Zerfallskräfte, die in der Materie selber sind, auf den Phantomleib über. Es wird also die relative Freiheit, die das Phantom gegenüber den mineralischen Bestandteilen haben sollte, durch Luzifer in eine zu starke Bindung der Phantomkräfte in die Dynamik des Materiellen umgewandelt. Dadurch nimmt das Phantom an dem Zerfall der materiellen Bestandteile, dem Tod, teil. Das ist die Katastrophe, die durch den Sündenfall für den physischen Leib eingetreten ist.

W.W.: Rudolf Steiner spricht in GA 134 davon, daß der physische Leib durch Luzifer ein Übergewicht über den Ätherleib bekommen hat, wodurch überhaupt erst die Wahrnehmung der Sinneswelt zustandegekommen ist, von einem Übergewicht des Ätherleibes über den Astralleib, wodurch die Drüsenabsonderung und das Eigenempfinden entstanden sind, dann wie in einem Rückschlag auch von einem Übergewicht des Astralleibes über den Ätherleib, wodurch die Nahrungsaufnahme notwendig geworden ist, und schließlich von einem Übergewicht des Ich über den Astralleib, wodurch der Egoismus der Menschen entstanden ist. Dieser Eingriff von Luzifer hat so massive Änderungen im menschlichen Dasein hervorgerufen, daß ohne diese die gesamte Erdenentwicklung eine völlig andere geworden wäre. Demgegenüber steht die naive Schilderung des Sündenfalles, durch die der Mensch durch das Fehlverhalten der Eva schuldig geworden sei usw. Wenn man das eben Gesagte zugrunde legt, fernerhin noch mit hinzunimmt, daß Luzifer ein hohes hierarchisches Wesen ist, so trifft doch den Menschen überhaupt keine Schuld.

H.-W. Schroeder: Das ist sicherlich richtig. Der Mensch konnte sich nicht gegen diesen Eingriff wehren, denn die „Schlange" war gegenüber dem Menschenpaar zu mächtig. Das geht allein schon dadurch aus der Bibel hervor, daß gesagt wird: Der Mensch hatte noch keine Erkenntnis von Gut und Böse; er hatte also überhaupt keinen Begriff davon, etwas Böses zu tun. Wie hätte er vermuten sollen, daß alles das daraus folgt, was letztlich daraus gefolgt ist? Also man kann für den Sündenfall dem Menschen keine Schuld beimessen. Die Schuld entsteht erst später, indem der Mensch mit seinem Ich in den Zustand, in den er hineingefallen ist,

grundsätzlich einwilligt. Deswegen sprechen wir auch in der Christengemeinschaft (zum Beispiel im Credo, in der Menschenweihehandlung) nicht
allein von der individuellen „Sünde", sondern von der allgemeinen Sündenkrankheit, die die Menschheit ergriffen hat.

W.W.: Können Sie diesen Begriff „Sündenkrankheit" noch ein wenig
genauer fassen?

H.-W. Schroeder: Er ist sehr schön in dem Zyklus beschrieben, den Sie
gerade herangezogen haben (GA 134), wo gesagt wird, daß die gesamte
Konstitution des Menschen – angefangen von der Sinneswahrnehmung
über die egoistischen Gefühle bis hin zu der Tatsache, daß er durch die
Ernährung überhaupt von der physischen Welt abhängig ist – eine Folge
dieses Sündenfalls ist. Alles, was wir heute zur normalen Befindlichkeit des
Menschen rechnen, was uns überhaupt kein Problem ist, also daß wir zum
Beispiel essen und trinken, ist bereits eine Folge des Sündenfalls und
gegenüber dem ursprünglichen Zustand des Menschen ein gefallener Zustand. Im ursprünglichen Zustand hat der Mensch die geistige Welt in
vollem Umfang wahrnehmen und sich mit ihr verbinden können, was er
heute nicht kann. Auch hat er ursprünglich gegenüber den irdischen Kräften eine Freiheit gehabt, die er heute nicht hat. In der Ernährung ist er zum
Beispiel davon abhängig.

Wenn man das eigene Ich mit seinem
Denken, Fühlen und Wollen verwechselt

W.W.: In GA 134 spricht Rudolf Steiner – wie schon erwähnt – von dem
luziferischen Einschlag und der Folge der Verschiebung der Wesensglieder.
Durch das Übergewicht des Ich bezüglich des Astralleibes entstand der
Egoismus und die Tatsache, daß der Mensch den Gedanken des reinen Ich
nicht unabhängig von den drei Seelenkräften Denken, Fühlen und Wollen
denken kann, die sogenannte Drei-Säcke-Theorie:

„Aber es ist der Mensch tatsächlich so vermischt mit seinem Denken,
Fühlen und Wollen, daß er sich außerordentlich schwer herauskriegt und
es ihm schwierig wird, mit der Gesinnung durch die Welt zu gehen: Da
gehe ich durch die Welt und nun führe ich auch noch immer so einen
zweiten Gesellen mit mir, der mir anhängt, weil ich mit ihm verwachsen
bin, aber der mir wie eine Art Doppelgänger erscheint. Da denkt's, fühlt's,
will's neben mir. *Ich* bin doch ein anderer, ich bin das, was ich in meinem
Ich bin, ich gehe nebenher neben dem, was ich wie eine Dreiheit, wie drei
Säcke mit mir herumtrage, von denen der eine ausgefüllt ist mit meinem
Denken, der andere mit meinem Fühlen und der dritte mit meinem Wollen.
Aber bevor man nicht gekommen ist zu der Praktizierung dieser Drei-
Säcke-Theorie, kann man sich keinen rechten Begriff machen von dem

Christus und Uhr
Marc Chagall, ca. 1956
© VG Bild-Kunst, Bonn, 1992

Gegenüberstehen des Ich zum Denken, Fühlen und Wollen, wie es ursprünglich beabsichtigt war von den göttlichen Wesen, bevor der luziferische Einfluß an den Menschen herangekommen ist. Zum Zuschauer seiner selbst war der Mensch bestimmt, nicht zum In-sich-Erleben." (GA 134/1979/ 29.12.1911/S.58 f.)

Entstehen aus diesem Tatbestand heute eine Fülle der zwischenmenschlichen Konflikte, daß man sein Ich mit seinem Denken, Fühlen und Wollen verwechselt, daß man zum Beispiel die Gedanken nicht wie ein Kleid betrachtet, sondern sich nahtlos mit ihnen identifiziert und – nehmen wir an, man denkt etwas Falsches – sich getroffen fühlt, wenn dieser falsche Gedanke kritisiert bzw. angesprochen wird?

H.-W. Schroeder: Diese Frage würde ich auf jeden Fall bejahen, denn ein großer Teil der zwischenmenschlichen Probleme hängt damit zusam-

Kreuztragung
Hieronymus Bosch

men, daß sich der Mensch mit seinem Denken, Fühlen und Wollen verwechselt und sich selbst in Frage gestellt fühlt, wenn man sie mit Recht oder Unrecht antastet. Das ist eine vielseitige Konfliktquelle. Sie zeigt auch, daß der Mensch durch den Sündenfall seine Freiheit auch sich selbst gegenüber verloren hat, die er ursprünglich einmal hatte. Zunächst geht es tatsächlich darum, diese Freiheit schrittweise wiederum zu erringen und eine gewisse Gelassenheit und Souveränität dem eigenen Seelenleben gegenüber zu entwickeln.

W.W.: Man erlebt diese Unfreiheit besonders dann sehr stark, wenn man in bezug auf seine Seelenäußerungen kritisiert wird, nehmen wir zum Beispiel an, man schreibe einen Artikel, der dann von jemandem verrissen wird. In so einem Fall hat man es sicherlich nicht immer ganz leicht, sich nicht getroffen zu fühlen. Wie kann man lernen, sich nicht mit seinem Denken, Fühlen und Wollen zu identifizieren, sondern diese Kleider bzw. Säcke je nach Bedarf abzulegen bzw. mit Abstand zu betrachten und eine gewisse Souveränität seinem eigenen Seelenleben gegenüber zu entwikkeln?

H.-W. Schroeder: Ich denke, daß schon die allererste Übung auf dem inneren Wege – die Rückschau – viel dazu beitragen kann, wenn sie konsequent durchgeführt wird. Denn in dieser Übung am Abend, wenn man auf die eigenen Tagesereignisse zurückschaut, ist es gerade die Aufgabe, sich von dem Verwobensein in die eigenen Erlebnisse zu lösen und sich sozusagen wie ein Fremder selbst gegenüberzutreten. Diese Übung hat mit dem zu tun, was wir hier besprechen und führt auch zu einer größeren Möglichkeit, sich schon innerhalb der Tageserlebnisse von dem zu distanzieren, was man sonst zu stark subjektiv erlebt, wenn die eine oder andere Kritik an einem selbst auftritt.

Verschiedene Äußerungen Rudolf Steiners über den Phantomleib

W.W.: „Da trat das Mysterium von Golgatha ein, trat so ein, wie wir es charakterisiert haben, und durch dieses Mysterium von Golgatha ist in der Tat dasjenige geschehen, was so schwierig zu begreifen ist für jenen Verstand, der nur gebunden ist an den überwiegend mit den zerstörenden Kräften behafteten physischen Leib. Es ist eingetreten, daß dieser eine Mensch, der der Träger des Christus war, einen solchen Tod durchgemacht hat, daß nach drei Tagen dasjenige, was am Menschen das eigentlich Sterbliche des physischen Leibes ist, verschwinden mußte und aus dem Grabe sich erhob jener Leib, der der Kräfteträger der physisch-materiellen Teile ist. Das, was eigentlich dem Menschen zugedacht war von den Beherrschern von Saturn, Sonne und Mond, das hat sich erhoben aus dem

Grabe: das reine Phantom des physischen Leibes mit allen Eigenschaften des physischen Leibes." (GA 131/1974/11.10.1911/S.167)

Dieser Phantomleib ist also der Auferstehungsleib. Er ist nichtsinnlich, muß hellseherisch geschaut werden, kann aber durch Thomas berührt werden. Dies scheint mir wie eine Art Zwischenglied zwischen dem Sinnlichen und einer reinen übersinnlich geschauten Imagination zu sein.

H.-W. Schroeder: Aus Andeutungen Rudolf Steiners geht hervor, daß das Phantom heute auch bis an die Grenzen der physischen Erscheinung herangetrieben werden kann. Im Zusammenhang mit den Schilderungen über die Wiederkunft des Christus sagt er, daß der ätherische Christus so erscheinen kann, wie man sonst einen physischen Menschen erlebt. Nur daran, daß er dann verschwindet, ohne daß eine Spur auffindbar ist, würde man erkennen, daß es sich nicht um eine gewöhnliche physische Erscheinung gehandelt hätte. Tatsächlich ist eine Verdichtung bis in die konkreten physischen Verhältnisse herein möglich, und das wird auch damals grundsätzlich schon so gewesen sein. Wir haben also alle Stufen der Wahrnehmung von der reinen Imagination bis zur wirklichen sinnlichen Wahrnehmung. Wobei wir sagen müssen, daß das hellsichtige Erleben zur Zeitenwende sicherlich den Vorrang hatte.

W.W.: Die Abgrenzung zwischen dem Phantomleib und dem Ätherleib ist ja auch sehr schwierig vorzunehmen: In GA 130 spricht Rudolf Steiner immer in bezug auf den Auferstehungsleib als von einem „bis zur physischen Sichtbarkeit verdichteten Ätherleib" (S.223) und von einem „besonders zusammengezogenen Ätherleib" an den Wundmalen (S.224). Wie kann man hier eine Abgrenzung vornehmen?

H.-W. Schroeder: Ich denke, daß Rudolf Steiner selbst hier einen geistigen Fortschritt in seiner Entwicklung gemacht hat, denn er spricht erst 1911 in dem Zyklus „Von Jesus zu Christus" von dem Phantom als dem eigentlichen Geheimnis des physischen Leibes; vorher spricht er von dem Auferstehungsleib immer als von einem verdichteten Ätherleib. Mir scheint, ihm war das selbst vorher noch nicht ganz deutlich, daß in diesem verdichteten Ätherleib die Kräfte des Phantoms schon in Erscheinung traten. Man muß sich das so vorstellen, daß die Phantomkräfte im Ätherischen wie „aufgelöst", aber doch potentiell vorhanden sind, so daß auf einer ersten Stufe die Wahrnehmung des Auferstandenen wie die eines verdichteten Ätherleibes erscheinen kann.

Die darin enthaltenen Phantomkräfte sind wahrscheinlich auf dieser ersten Stufe der Wahrnehmung nicht erkennbar gewesen. Erst auf einer höheren Stufe der Wahrnehmung zeigt sich, daß es sich nicht nur um einen Ätherleib handelt, sondern daß darin noch andere Kräfte, die rein physischer Natur sind, enthalten sind, die Rudolf Steiner ab 1911 dann auch als die Phantomkräfte kennzeichnet.

W.W.: Dieser Auferstehungsleib ißt auch, wie ist das zu verstehen?

H.-W. Schroeder: Im Evangelium wird nicht geschildert, daß er alles ißt, sondern nur ganz bestimmte Elemente der physischen Welt – Honig, eine Verdichtung von ganz feiner Blütensubstanz, und Fisch, eine Substanz, die anders als etwa Fleisch von Landtieren dem Ätherischen noch näher steht, weil sie von Tieren stammt, die im Wasser leben – zu sich nimmt. Er nimmt diese beiden Substanzen zu sich, indem er sie auflöst, indem er sie aus ihrer Verdichtung wieder in einen ätherisch-geistigen Zustand versetzt. Dies nehmen die Jünger wahr: Der Auferstandene nimmt diese Substanzen auf im Sinne einer Vergeistigung. Von daher kann man einen Blick auf die Transsubstantiation der Messe bzw. Menschenweihehandlung werfen, während der der Auferstandene auch Brot und Wein „zu sich nimmt"; man könnte dies auch als eine Nahrungsaufnahme bezeichnen. Es werden in die übersinnliche Leiblichkeit des Christus Jesus – wir können jetzt auch sagen: in das Phantom – Brot und Wein aufgenommen und dadurch gleichzeitig vergeistigt. Die in den Evangelien gegebene Schilderung können wir von diesem Gesichtspunkt aus auch als eine Transsubstantiation bezeichnen, die die Jünger miterleben.

W.W.: Welche Bereiche der Nahrung werden von dem Christus aufgenommen, sowohl damals im Beisein der Jünger als auch während des Kultus?

H.-W. Schroeder: Offenbar war es möglich, das, was als physische Substanz vorhanden war – Honig und Fisch –, so weit in den geistig-physischen Organismus des Phantoms hereinzunehmen, daß sie vollständig „vergeistigt", d.h. Bestandteil des Phantomleibes werden konnte. Ein ähnlicher Vorgang geschieht während der Transsubstantiation, wenn Brot und Wein in die übersinnliche Leiblichkeit des Christus hineingenommen werden und dadurch sein „Leib" und sein „Blut" werden, wobei sie allerdings nicht verschwinden, sondern dann wiederum den Menschen während der Kommunion zur Verfügung stehen, damit sich der Mensch seinerseits mit ihnen verbinden kann.

W.W.: Warum wird die Auferstehung selbst in den Evangelien nicht beschrieben, warum spiegelt sie sich nur an den jeweiligen Menschen?

H.-W. Schroeder: Eine Antwort auf diese Frage ist: Die Evangelien sind auf einer Stufe der Erkenntnis geschrieben worden, die nicht alles umfaßt. Die Evangelien entstammen der Möglichkeit, noch bestimmte Wahrnehmung der geistigen Welt zu haben, aber diese noch aus alten Kräften stammende Wahrnehmung basiert auf alten Imaginationskräften und war nicht geeignet, *alle* Bereiche des Christusmysteriums zu umfassen. Vor allem war man damals noch nicht in der Lage, die Verwandlung der irdisch-physischen Elemente wirklich voll zu erfassen. Das heißt aber: Die Verwandlung eines irdischen in einen geistigen Leib entzog sich dem schauenden Blick, sie konnte im Evangelium keinen Eingang finden. Die Evangelisten konnten nur die Wirkung beschreiben, nicht aber das eigentliche

Ereignis selbst. Sie können zum Beispiel auch nicht den Abstieg in die Unterwelt wahrnehmen, so daß auch er in den Evangelien nicht beschrieben wird. Das Überwinden und Verwandeln der Todeskräfte bleibt ihnen verschlossen. Das wird erst durch die Anthroposophie erschlossen, die die geistigen Erkenntnisse viel intensiver mit den Gegebenheiten des Physischen zu verbinden vermag. In der Anthroposophie ist ein echter Erkenntnisfortschritt gegenüber den Evangelien vorhanden. Dadurch wird auch die Anthroposophie zu einem Schlüssel für ein gegenwärtiges Verständnis der Evangelien.

W.W.: Zuerst erscheint der Auferstandene Maria Magdalena als Gärtner, dann Kleophas und seinem Freund auf dem Weg nach Emmaus als Wanderer, dann den Jüngern selbst, acht Tage später faßt ihn Thomas gegebenenfalls an – auch wenn dies im Johannesevangelium offenbleibt –, Maria Magdalena durfte dies noch nicht. Wieso wandelt sich die Gestalt des Auferstandenen so oft? Ist die Auferstehung ein Prozeß?

H.-W. Schroeder: Ja, gerade das, was wir mit der Verdichtung des Auferstehungsleibes bis an die Grenze des physisch Wahrnehmbaren gekennzeichnet haben, war offensichtlich am Ostersonntagmorgen noch so zart und anfänglich, daß es Maria Magdalena verboten wird, ihn zu berühren, weil der Prozeß noch nicht weit genug war. Und daran erkennt man, daß dies acht Tage später schon anders ist, und auch im weiteren Verlauf bis in die Gegenwart hinein müssen wir damit rechnen, daß weitere Verwandlungen mit der Erscheinung des Auferstandenen verbunden sind.

Die Erde wird zu einer Sonne werden

W.W.: In GA 112 spricht Rudolf Steiner darüber, wie unsere Erde einstmals zu einem Sonnenkörper werden wird:

„Aber ein jegliches physisches Ereignis hat zu seinem Gegenbilde ein geistiges Ereignis. In demselben Maße, als das Blut aus den Wunden auf Golgatha floß, geschah etwas Geistiges. Es geschah in diesem Moment, daß zum ersten Male Strahlen von der Erde nach dem Weltenraum hinausgingen, die früher nicht hinausgegangen waren, so daß wir, in diesem Zeitpunkt geschaffen, von der Erde Strahlen nach dem Weltenraum uns denken. Immer finsterer und finsterer war die Erde geworden mit dem Fortgange der Zeit bis zu dem Ereignis von Golgatha. Jetzt fließt das Blut auf Golgatha, und zu leuchten beginnt die Erde!

Hätte in der vorchristlichen Zeit irgendein Wesen – zunächst mit hellseherischer Kraft – von einem fernen Weltenkörper auf die Erde herunterblikken können, dann hätte es gesehen, wie die Erdenaura nach und nach verglomm und am dunkelsten wurde in der Zeit, die dem Ereignis von Golgatha voranging. Dann aber hätte es gesehen, wie die Erdenaura aufleuchtete in neuen Farben. Die Tat auf Golgatha hat die Erde mit einem astralischen Licht durchdrungen, das nach und nach zum ätherischen und dann zum physischen Licht werden wird. Denn ein jegliches Wesen in der Welt entwickelt sich weiter. Was heute Sonne ist, das war zuerst Planet. Und wie sich der alte Saturn zur Sonne entwickelt hat, so entwickelt sich unsere Erde, die jetzt Planet ist, zur Sonne heran. Der erste Anstoß zum Sonnewerden unserer Erde ist damals gegeben worden, als das Blut aus den Wunden des Erlösers auf Golgatha floß. Da fing die Erde zu leuchten an, zunächst astralisch, also nur für den Hellseher sichtbar. Aber in der Zukunft wird das astralische Licht zum physischen Licht werden und die Erde wird ein leuchtender Körper, ein Sonnen-Körper werden." (GA 112/ 1975/06.07.1909/S.247)

Was ist mit dieser leuchtenden Erde gemeint? Was bedeutet es, wenn das astralische Licht nach und nach zum physischen Licht wird, so daß sich die Erde zu einem Leuchtkörper entwickelt?

H.-W. Schroeder: Das liegt auf der Linie der Evolution überhaupt. Nach den Schilderungen Rudolf Steiners stammt alles das, was wir heute als physische Tatbestände haben, ursprünglich aus geistigen Kräften, die sich verdichtet haben. Alles hat sich vom rein Geistigen, Astralischen bis zur physischen Wirklichkeit verdichtet. Im gleichen Sinne wird sich das, was vom Mysterium von Golgatha als erste Wirkung ausgegangen ist, immer mehr verdichten und konkretisieren, so daß es auch einstmals eine Realität wird, die mit der heutigen physischen Realität vergleichbar ist. Das, was heute nur geistig greifbar ist, wird einst eine Realität erreichen, vergleichbar der, wie sie heute mit dem äußeren Licht und seinen Wirkungen verbunden ist. Die Wirkungen des Mysteriums von Golgatha werden also immer dichter und realer werden, bis hin zu solchen Lichtwirkungen, wie wir sie heute physisch im Licht wahrnehmen können.

Die Beziehung des Heiligen Geistes zu den Menschen

W.W.: Im weiteren (GA 112, S.248) schildert Rudolf Steiner, daß alle Menschen seit dem Mysterium von Golgatha dieses Christuslicht in ihren Ätherleib aufgenommen haben. Gilt dies für alle Menschen, unabhängig ob sie den Christusimpuls verstehen?

H.-W. Schroeder: Das Ereignis von Golgatha wird *zunächst* prinzipiell für alle Menschen wirksam, so daß von diesem eine Kraft in die Ätherleiber aller Menschen ausgeht. Es wird also anfänglich für alle Menschen wirksam. Im weiteren Verlauf der Menschheitsentwicklung wird aber immer mehr entscheidend sein, was der einzelne Mensch damit anfängt, so daß die Initiative für die weitere Entwicklung dieser Kräfte beim einzelnen Menschen liegt und ihm nicht einfach von außen in irgendeiner Weise gegeben wird. Der einzelne Mensch kann dazu ja sagen und wird dazu ja sagen müssen, wenn er sich weiter damit verbinden will. Nur so ist die Freiheit des einzelnen Menschen gegenüber dem Mysterium von Golgatha garantiert.

W.W.: Die verlebendigten Ätherleiber der Menschen strömen in den Weltenraum hinaus:

„Und dieses Etwas, das den Tod nicht mitmacht, was die Menschen sich nach und nach erobern durch den Einfluß des Christus-Impulses, das strömt nun zurück, das strömt hinaus in den Weltenraum, das bildet, je nachdem es stärker oder schwächer ist im Menschen, eine Kraft, die da hinausfließt in den Weltenraum. Und es wird diese Kraft eine Sphäre um die Erde herum bilden, die im Sonne-Werden ist. Eine Art von Geistes-Sphäre bildet sich um die Erde herum aus den lebendig gewordenen Ätherleibern. Ebenso wie das Christus-Licht von der Erde ausstrahlt, ebenso haben wir eine Art von Widerspiegelung des Christus-Lichtes im Umkreise der Erde. Was hier widergespiegelt wird als Christus-Licht, und was als Folge des Christus-Ereignisses eingetreten ist, ist das, was Christus den Heiligen Geist nennt. Ebenso wahr, wie die Erde ihr Sonne-Werden beginnt durch das Ereignis von Golgatha, ebenso wahr ist es, daß von diesem Ereignis an die Erde auch beginnt, schöpferisch zu werden und um sich herum einen geistigen Ring zu bilden, der später wiederum zu einer Art von Planet um die Erde wird.

So geht im Kosmos von diesem Ereignis von Golgatha an etwas Wesentliches vor. Damals, als das Kreuz erhöht wurde auf Golgatha und das Blut rann aus den Wunden des Christus Jesus, da wurde ein neuer kosmischer Mittelpunkt geschaffen. Wir waren dabei, als dieser neue kosmische Mittelpunkt geschaffen wurde! Wir waren dabei als Menschen, ob nun in einem physischen Leib oder außerhalb des physischen Lebens zwischen Geburt und Tod.

So entstehen Neubildungen von Welten! Das aber müssen wir verstehen, daß wir vor dem Ausgangspunkt einer neu sich bildenden Sonne stehen, indem wir den sterbenden Christus betrachten." (GA 112/1975/06.07.1909/ S.249 f.)

Wie kann man dieses Wesen des Heiligen Geistes verstehen? Es hört sich so an, als würde es neu entstehen.

H.-W. Schroeder: Ja, das ist eine mißverständliche Äußerung, die man gewiß nicht allein so festhalten darf, abgesehen davon, daß die Nachschriften oft nicht ganz exakt sind. Es gibt auch ganz andere Äußerungen von Rudolf Steiner in bezug auf den Heiligen Geist. Diese zitierten Äußerungen geben nur einen Aspekt. Er will hier auf eine bestimmte Seite des Heiligen Geistes hinweisen. Man kann aus dieser Äußerung entnehmen, daß der Heilige Geist sehr tief mit dem zusammenhängt, was vom Menschen bewußtseinsmäßig und empfindungsmäßig ausgeht, bis hinein in die Ätherleiber.

Es ist sehr interessant, daß im Johannesevangelium oft anstelle des Heiligen Geistes die Beziehung zu den Menschen auftritt, zum Beispiel in der berühmten Formel: „Ich im Vater, ihr in mir, ich in Euch" (Joh 14,20). An die Stelle des Heiligen Geistes, der dritten Person der Trinität, tritt hier die Beziehung zu den Menschen. Auch aus anderen Zusammenhängen ergibt sich, daß das Wirken und Wesen des Heiligen Geistes von einem bestimmten Aspekt aus sehr stark mit dem zusammenhängt, was in den Menschen als individuelle geistige Kraft wirksam wird. Es ist aber immer eine Kraft, die nicht individuell bleibt, sondern die die Möglichkeit hat, mit den Kräften anderer Individualitäten zusammenzuströmen und eine Einheit zu bilden. Von diesem Gesichtspunkt aus weist Rudolf Steiner hier auf die Wirkung des Heiligen Geistes hin, meint aber ganz sicherlich nicht, daß dies schon alles ist, was den Heiligen Geist ausmacht.

W.W.: Wenn man voraussetzt, daß der Ätherleib die Grundlage des Denkens ist, so werden spirituelle Gedanken individueller Menschen eine ganz besondere Leuchtkraft zu diesem Wesen des Heiligen Geistes hinstrahlen.

H.-W. Schroeder: Ja. Das, was von den einzelnen Menschen ausgeht, wird zusammengefaßt und zu einem Ausgangspunkt für neue Weltenverhältnisse gemacht, und dieses Zusammenfassen ist charakteristisch für das Wirken des Heiligen Geistes.

Himmelfahrt

W.W.: Wie kann man das Ereignis der Himmelfahrt verstehen?

H.-W. Schroeder: Mit der Taufe vollzog sich die Inkarnation des Christus in die Menschlichkeit des Jesus von Nazareth, d.h. eine restlose Angleichung des göttlichen Wesens an die Menschlichkeit. Dieser Vorgang kehrt sich mit der Himmelfahrt um. Es findet eine neue Ausbreitung in den Kosmos und damit eine Wiedergewinnung der kosmischen Vollmachten statt. Natürlich beginnt dies schon mit der Auferstehung, offenbart sich aber mit der Himmelfahrt erst ganz deutlich. Der Christus ist mit der Taufe aus den Himmeln herniedergestiegen, und nun steigt er in einer Art Umkehrung dieses Vorganges wieder in die Himmel auf, aber er nimmt etwas von den Erreichnissen der drei Jahre in die geistige Welt zurück. Er eröffnet sozusagen mit seinem eigenen erneuten Zugang in die kosmischen Weiten und in die Himmelsphären auch der Menschheit den neuen Zugang zur geistigen Welt. Er bahnt die neue Verbindung von Menschheit und Erde mit den Himmeln an.

W.W.: Was wäre die Folge des Zerstörungskeimes im Menschen- und Erdenleben gewesen, wenn Christus nicht in einem Menschen erschienen wäre und wenn die Auferstehung nicht stattgefunden hätte?

Der gelbe Christus
Paul Gauguin

Pietà (nach Delacroix)
Vincent van Gogh, 1889
Amsterdam, Rijksmuseum Vincent van Gogh

Der Mensch wäre in den materiellen Verhältnissen erstarrt

H.-W. Schroeder: Es wäre dann unmöglich gewesen, als menschliches Wesen auf der Erde weiter zu existieren. Der Mensch hätte keine Möglichkeit mehr gehabt, sein geistiges Wesen auf der Erde zu erfassen. Natürlich hätte er sich weiter inkarnieren müssen, weil dies die Notwendigkeit des Karma ist, er wäre also als geistiges Wesen mit der Geburt auf die Erde heruntergekommen, hätte aber überhaupt keine Möglichkeit mehr gefunden, sich als geistiges Wesen auf der Erde zu erfassen und wäre in gewisser Weise in den materiellen Verhältnissen erstarrt. Einen kleinen Vorgeschmack davon kann man heute schon erleben: Denn viele Menschen leben heute, ohne den geringsten Bezug zu einer geistigen Kraftquelle finden zu können. Und damit ist eine furchtbare innere Verarmung, geistig-seelische Verelendung, die Erfahrung der Sinnlosigkeit des Daseins verbunden. Das sind die Vorzeichen dessen, was mit einer zukünftigen Menschheit geschehen müßte, wenn nicht ein Rückbezug zum Geistigen möglich werden würde.

W.W.: Diese Möglichkeit ist also noch für diejenigen Menschen offen, die keine Beziehung zum Christuswesen finden?

H.-W. Schroeder: Ja.

W.W.: Und wie wird ihr weiteres Schicksal verlaufen?

H.-W. Schroeder: Das wären Schicksale, innerhalb welcher die Menschen nur nach äußerem Lebensgenuß streben bzw. Machtimpulse entwickeln und das gesamte physische Leben nur nach den äußeren Gegebenheiten organisieren. Diese Äußerlichkeiten könnte man immer mehr reglementieren bzw. vereinseitigen, so daß den Menschen jede Möglichkeit genommen würde, überhaupt darüber nachzudenken, daß es noch geistige Kraftquellen, religiöses Streben oder Mitmenschlichkeit gibt. Im extremsten Falle würde man sämtliche Ideale ihrer Geistigkeit entkleiden, und das Geistige würde als Krankheit aufgefaßt werden, wenn es dann noch aufträte. Es würde wahrscheinlich auch immer schwieriger werden, sich als ein wirkliches Ich, als eine selbstverantwortliche und selbstgestalterischer Persönlichkeit zu erleben.

W.W.: Warum ist es so wichtig, daß die Menschen das Mysterium von Golgatha während einer Inkarnation auf Erden begreifen?

H.-W. Schroeder: Rudolf Steiner weist immer wieder darauf hin, daß der Mensch ein empfindungsmäßiges und ein erkenntnismäßiges Verständnis des Christus auf Erden erlangen muß. Denn wenn der Mensch sich während seiner Inkarnation mit dem Christus verbindet, werden in seiner Seele Kräfte wirksam, die ihm nach dem Tode ermöglichen, bestimmte Wahrnehmungen zu machen. Man könnte das damit vergleichen, daß sich während der Schwangerschaft aus der Entwicklung der Hüllen im Embryo Sinnesorgane bilden, zum Beispiel wird die Anlage des Auges so weit vorgebildet, daß der geborene Säugling dann eine Sehwahrnehmung haben kann. Ähnlich sind religiöse Empfindungen und Erkenntnisse in der Seele bildend tätig, so daß dadurch ein „Seelenauge" ausgebildet wird, das ihm dann ermöglicht, die Realität dessen, was er während des Erdenlebens erfühlt und erahnt hat, nun wirklich wahrzunehmen. Rudolf Steiner beschreibt sehr ernst, daß den Menschen diese Möglichkeit fehlen wird, wenn sie nicht wenigstens eine Neigung oder den Ansatz im irdischen Leben in dieser Richtung entfalten. Das wäre mit einem Kind vergleichbar, das ohne ausgebildete Augen geboren wird.

W.W.: Steiner spricht darüber, wie die Menschen vorchristlicher Zeiten ihr Persönlichkeitsverständnis durch die Außenwelt bekommen haben, zum Beispiel durch die Sonne. Dies nahm immer mehr ab, es konnte den Menschen nichts mehr von den Göttern gesagt werden, der Mensch wäre sich in seiner Persönlichkeit ein Rätsel geworden. Die Menschen hätten nur noch über die Natur, nicht aber über sich Weisheit erlangen können, wenn nicht das Mysterium von Golgatha eingetreten wäre (vgl. GA 184/1968/ 05.10.1918/S.224 f.). Wie hängt es zusammen, daß sich der Mensch durch das Mysterium von Golgatha als Ich, als Persönlichkeit fassen kann?

H.-W. Schroeder: Diese Frage ist sehr vielschichtig und weitreichend. Die entscheidenden Erfahrungen im Erdenschicksal werden dadurch gemacht, daß der Mensch seine Grenzen, seine Ohnmacht, seine Verzweiflung erlebt, daß er Todeserlebnisse und Erlebnisse im Umgang mit dem Bösen durchmacht. Die tiefreichende Frage ist: Wie komme ich damit zurecht? Im Anblick und in der Hinwendung zu Christus ist dafür die entscheidende Stütze gegeben, zunächst einmal rein äußerlich dadurch, daß wir das Kreuz und durch das Kreuz die Auferstehung wahrnehmen. Hier ist uns zunächst ein Bild gegeben, daß das Kreuz nicht das Letzte ist, sondern mit dem Kreuz etwas verbunden sein kann, was uns über die Todeserfahrung hinausführt. Was zunächst äußerlich als Zeichen des Kreuzes und der Auferstehung dasteht, kann aber eine intensive Innenerfahrung werden, und die ist immer eine Christuserfahrung. In dieser Erfahrung findet der Mensch überhaupt erst seine wahre Persönlichkeit; alles andere sind Ausgestaltungen der Persönlichkeit, die einen vorläufigen Charakter haben. Dann kann der Mensch erleben, daß ihn letztlich kein Todeserlebnis endgültig niederwerfen wird, auch wenn es ungeheuer intensiv in seinem Schicksal auftritt, wenn es ihn zerschmettert: Der eigentliche Kern seines Wesens wird davon nicht berührt. Wenn man aus dieser Erfahrung aufersteht, hat man ein Erlebnis von dem gehabt, in dem die Auferstehung ihre Quelle hat: Man gelangt zu einer höheren Ich-Erfahrung, zu einer Überwindung der niederen Persönlichkeit und zu dem langsamen Aufgehen der höheren Persönlichkeit.

W.W.: Die Vergegenwärtigung dieser Zusammenhänge entspräche dann dem Satz „Christus in uns"?

Auferstehung Christi
Meister von Wittingan, 14. Jh.
Prag, Nationalgalerie

Die Auferstehung (Ausschnitt)
Mathias Grünewald, 1510–15
Isenheimer Altar, Colmar, Musée d´Unterlinden

H.-W. Schroeder: Ja, das wäre der tiefste Grund dieses Satzes. Er hat natürlich auch Vorstufen, denn auch ohne Todeserfahrung und Verzweiflung kann ich mich mit dem Christus verbinden: wenn ich Gefühle und Gedanken in mir belebe, die nicht nur materieller Natur sind und mit dem Christus zusammenhängen. Das wären zum Beispiel Gefühle des Mitempfindens, der Liebe, des Gerechtigkeitssinnes und der Wahrheitssuche. So gibt es die verschiedensten Schichten der Tatsache des „Christus in uns". Friedrich Rittelmeyer hat sehr eindrucksvoll von dieser Christuserfahrung gesprochen: Man stelle sich das Beste und Höchste vor, was man an einem anderen Menschen erlebt hat, und nun stelle man sich dies ins Große gesteigert vor. Wenn das dann eine menschliche Erscheinung wäre, so hätte man ein Bild von dem, was der Christus für den Menschen darstellt und was er in unsere Menschlichkeit hereinleuchten lassen will.

W.W.: Welche Beziehung hat denn der Christus zu unserem höheren Ich?

H.-W. Schroeder: Er trägt es, behütet und schützt es. Wenn sich der Mensch dem Christus zuwendet und versucht, sich mit ihm zu verbinden, dann hat er gleichzeitig etwas von seinem höheren Ich in sich. Das eine ist das individuelle Erlebnis, was ich in meinem Schicksal erlebe, aber gleichzeitig ist darin etwas Übergeordnetes enthalten, was mich zu den anderen Menschen hinführt. Wenn ich mein eigenes Ich nur für mich selber in Anspruch nehmen will, dann ist dies kein höheres Ich-Erlebnis: denn das eigene höhere Ich ist immer für die Welt und die anderen Menschen offen. Und darin ist schon etwas von dem Christuserlebnis enthalten, denn auch er ist für alle Menschen da.

Die Aktualisierung der potentiell vorhandenen Christuskräfte während des Kultus

W.W.: Während der Messe bzw. Menschenweihehandlung verbindet sich der Mensch mit Leib und Blut Christi. Rudolf Steiner führt dazu unter anderem aus:

„Indem der Mensch das aufnimmt, was wir gestern schon mit dem Namen ‚unverweslicher Leib‘ belegten und was wir uns heute genauer vor die Seele gestellt haben, indem er sich diesen unverweslichen Leib einverleibt, wird er immer mehr dazu kommen, sein Ichbewußtsein heller und heller zu machen, wird er immer mehr das in seiner Natur erkennen, was sich von Inkarnation zu Inkarnation hindurchzieht ...

Wenn daher die Menschen betonen, daß alles, was der Christus gelehrt habe, schon früher da war, so würde das nichts bedeuten für das wirkliche Verständnis des Christentums; denn das ist nicht das Wesentliche. Das Wesentliche ist nicht, was der Christus gelehrt hat, sondern was der Christus gegeben hat: seinen Leib! Denn bis dahin war niemals mit einem Menschen, der gestorben war, dasjenige in die Erdentwickelung hineingekommen, was aus dem Grabe von Golgatha auferstanden ist. Niemals seit dem Beginn der Menschheitsentwickelung auf der Erde war durch einen Menschen, der durch den Tod gegangen war, auf der Erde das dagewesen, was mit dem auferstandenen Leib des Christus Jesus da war." (GA 131/ 1974/11.11.1911/S.170)

Diesen Phantomleib kann der Mensch zum Beispiel während des Kultus, speziell während der Kommunion aufnehmen. Können Sie erklären, wie dieser Vorgang zu verstehen ist?

H.-W. Schroeder: Das ist in der Tat das Zentrale des Kultus, der Menschenweihehandlung. Dieses Sakrament gibt die Möglichkeit, daß die Auferstehungsleiblichkeit des Christus sich mit dem Altargeschehen verbinden kann. Das ist der Sinn der Worte, die wir vorhin angedeutet haben, daß Brot und Wein zu Leib und Blut Christi werden, d.h. daß sich die Auferstehungsleiblichkeit real mit den Substanzen von Brot und Wein verbindet – hellseherisch dadurch sichtbar, daß Brot und Wein eine Aura bekommen, also anfangen aufzuleuchten; d.h. die Phantomkräfte, die Auferstehungskräfte werden in Brot und Wein wirksam. Diese Kräfte strahlen nun in die Gemeinde hinein, und zwar schon dann, wenn der Mensch nur andächtig an dem Vorgang des Kultus teilnimmt, auch ohne äußerlich Brot und Wein aufzunehmen.

Schon dann kann man fühlen, daß das Altargeschehen etwas ist, womit man sich verbinden kann. Vor allem geschieht aber diese Verbindung natürlich dann in der eigentlichen Kommunion, wenn sich der Mensch entschließt, Brot und Wein in die eigene Leiblichkeit aufzunehmen. Es findet also in *jeder* Weihehandlung eine leise Berührung der Gemeinde mit den Phantom- bzw. Auferstehungskräften des Christus statt; während der eigentlichen Altarkommunion wird dieses Geschehen dann noch realer und konkreter für den einzelnen.

W.W.: Nun heißt es ja, daß die Erde bereits der Leib Christi sei. Was kommt bei der Wandlung bzw. Transubstantiation der Menschenweihehandlung noch hinzu?

H.-W. Schroeder: Daß die Erde als ganze zum Leib Christi geworden ist, muß man „potentiell" verstehen. Man kann ja nicht sagen, daß ich mich, wenn ich beim Frühstück Brot zu mir nehme, schon mit den Auferstehungskräften verbinde. Man muß sich das so vorstellen, daß die Erde zwar prinzipiell, der Möglichkeit nach mit den Christuskräften durchdrungen ist, daß aber das Erdensein als ganzes noch darauf wartet, daß das auch realisiert und aktualisiert wird. Die Aktualisierung dieses Vorganges vollzieht sich zum Beispiel während der Sakramente – bis zu einem gewissen Grade auch dann, wenn der Mensch geistig tätig ist, denn dann nimmt er seine eigene Leiblichkeit für geistige Tätigkeiten in Anspruch, so daß etwas

Erwartung
Richard Oelze, 1935
New York, The Museum of Modern Art

Der ätherische Christus
Max Wolffhügel
© Emil Fink Verlag, Stuttgart (Karte Nr. 977)

realer wird, was heute potentiell mit allem Erdendasein verbunden ist und in dem Ausspruch, die Erde sei der Leib Christi, ausgesagt wird. In der Scholastik wurden die Begriffe von Möglichkeit („in potentia") und Wirklichkeit (Realisierung, „in acta") ausgebildet; etwas kann der Potenz nach vorhanden sein, aber noch nicht in der Aktualität. Diese beiden Begriffe muß man hier in Anwendung bringen. Der Potenz nach ist es ganz richtig, von der Erde als Leib Christi zu sprechen; denn er ist bereits imstande, in die Erdenwirklichkeit einzuziehen. Damit sich das aber aktualisiert, bedarf es der Mitwirkung des Menschen, denn sonst wäre ein magischer Akt von dem Christus ausgegangen, und der Mensch brauchte nichts mehr dazu zu tun. Das wäre nicht im Sinne des Christentums. Der Mensch muß immer mit seiner individuellen freien Kraft beteiligt sein können, sonst würde er ein bloßer Zuschauer der Christustat!

W.W.: Verwirrend sind natürlich die Äußerungen von Rudolf Steiner, wo er darstellt, daß sich während des Mysteriums von Golgatha der Ätherleib der Christuswesenheit mit jedem Atom der Erde verbunden habe. Ist es so, daß sich während der Transsubstantiation höhere Wesensglieder als der Ätherleib des Christus mit den Substanzen verbinden?

H.-W. Schroeder: Ich würde das auch so verstehen, daß das der Potenz nach richtig ist, was Sie gerade angedeutet haben, daß aber zu der völligen Ausgestaltung dieses Vorganges noch etwas Zusätzliches nötig ist. Man darf solche Äußerungen Rudolf Steiners ebenfalls nicht absolut nehmen, denn sie werden durch das ergänzt, was er an anderen Stellen entwickelt hat. Manche Äußerungen sind allgemeiner Natur und werden durch andere verdeutlicht und modifiziert.

Christus erscheint im Wolkensein

W.W.: Ist die Wiederkunft Christi notwendig mit dem Jüngsten Gericht und dem Weltende verknüpft?

H.-W. Schroeder: Das wäre eine Verkürzung der Perspektive, die allerdings schon sehr frühzeitig eingetreten ist, und manche Evangelientexte legen das auch nahe. Wenn man aber genauer hinschaut, sieht man, daß diese Ereignisse nicht notwendig miteinander verknüpft sind. Die Verwechslung der Wiederkunft Christi mit dem Letzten Gericht und dem Weltende hat dazu beigetragen, die Wiederkunftsgeschehnisse selbst in ein falsches Licht zu rücken.

W.W.: Die Wiederkunft Christi wird nun nicht in einem erneuten physischen Leib stattfinden, sondern im Wolkensein. Worauf deutet das Bild der Wolke hin?

H.-W. Schroeder: In der Tat sind fast alle Wiederkunftsberichte mit dem Bild der Wolke verbunden, in den Evangelien, in den Briefen und in der

Offenbarung des Johannes. Das Bild der Wolke weist darauf hin, und Rudolf Steiner bestätigt dies, daß die Wiederkunft Christi nicht in einem gewöhnlichen physischen Leib stattfinden wird, sondern in einem anderen, den er dann den ätherischen nennt. Christus offenbart sich also aus dem nächsthöheren Bereich, der an die physisch-mineralische Welt angrenzt. So wie sich über den physischen Gegebenheiten der Luftraum und die Wolken ausbreiten, so breitet sich über dieser physischen Welt die geistige Welt aus, die in der ätherischen Welt ihre unterste Stufe hat. So wie sich aus dem Luftraum heraus eine Wolke bilden, wie sie aus dem Unsichtbaren in das Sichtbare hereinkommen, sich aber auch wiederum auflösen kann, so sind auch die Erfahrungen, die mit der Wiederkunft zusammenhängen: Eine Gestalt tritt aus dem Ätherischen heraus in Erscheinung, kann dann aber aus dieser Verdichtung auch wiederum ins Geistige zurückgenommen werden.

W.W.: Innerhalb der Evangelienstelle, die man die Ölberg-Apokalypse nennt (Lk 21), schaut Christus am Kardienstag die Zerstörung des Tempels in Jerusalem, aber auch weiter bis zu seiner Wiederkunft. Kann man hieraus oder aus anderen Evangelienstellen ablesen, wann die Wiederkunft sein wird?

H.-W. Schroeder: Zunächst weisen diese Evangelienstellen auf die katastrophalen Verhältnisse hin, die im Erdensein entstehen werden, auf ganz bestimmte Katastrophen und Untergangsverhältnisse. Aber dazu kann man sagen, daß dies im Laufe der Jahrhunderte immer wieder zum Anlaß genommen wurde, sich der Wiederkunft Christi nahezufühlen. Denn meist empfindet man gerade die gegenwärtige Zeit als besonders katastrophal. Insofern wäre dies kein weitreichender Anhaltspunkt dafür, daß wir die Wiederkunft Christi in der heutigen Zeit erwarten dürfen. Obwohl wir andererseits auch sagen können: Die heute möglichen Katastrophen und sogar die, die schon eingetreten sind (Tschernobyl, Umweltgefährdung), sind in keiner Weise mit früheren Katastrophen zu vergleichen. Also auch von daher könnte man schon einen Hinweis auf die heutige Zeit ableiten.

Der wesentliche Hinweis besteht aber darin, daß in diesen Wiederkunfts-schilderungen auf die Ich-Entwicklung hingedeutet wird. Wenn die Entwicklung des menschlichen Ich an einen bestimmten Punkt gekommen ist, den wir heute erreicht haben, dann treten auch die Wiederkunftsereignisse ein. Das hängt damit zusammen, daß sich der Christus mit der Himmelfahrt der Menschheit hat entziehen müssen, um der Menschheit im allgemeinen nicht mehr erlebbar und sichtbar zu sein, weil die Menschheit sonst von seiner Gegenwart überwältigt worden wäre und gar nicht zur Ich-Entwicklung hätte fortschreiten können. Erst das reifgewordene Menschen-Ich, das in gewisser Weise heute vorhanden ist, auch wenn es sich zunächst in seinen negativen Ausformungen offenbart, ist fähig, die Gegenwart des Göttlichen überhaupt zu ertragen, ohne sich selbst dabei zu verlieren. Damit sind dann auch die Wiederkunftsereignisse möglich.

Christus mit dem heiligen Herzen
Odilon Redon

Christus im Schweigen
Odilon Redon

Zunehmende Sensibilität für den ätherischen Christus

W.W.: Mit Beginn des 20. Jahrhunderts werden die Menschen auf naturgemäße Weise konstitutionelle Veränderungen erleben, wodurch neue Wahrnehmungen gemacht werden können, und von den Menschen wird es abhängen, ob diese Kräfte sinnvoll genutzt werden. Der Ätherleib wird sich wieder im Kopfbereich lockern, wodurch die Menschheit zu ganz neuen Schauungen kommen wird. In unmittelbarem Zusammenhang damit steht die Wiederkunft Christi bzw. die Erscheinung des Christus im Ätherischen, von der Rudolf Steiner ab dem 12.01.1910 zu sprechen beginnt. Was ist damit gemeint?

H.-W. Schroeder: Der Mensch kann sich wieder stärker der Tatsache einer geistigen Welt bewußt werden, denn die Zeit ist abgelaufen, in der dies für den Menschen immer mehr in den Hintergrund treten mußte. Es treten heute also Entwicklungen auf, die das zu starke Verbundensein des Menschen mit den irdischen Gegebenheiten „lockern". Es treten innere Befreiungen seelischer Kräfte auf, die ermöglichen, daß der Mensch wieder eine stärkere Wahrnehmung, zunächst ahnungsweise von der geistigen Welt bekommt. In diesem Zusammenhang werden auch wieder konkrete Wahrnehmungen gemacht, zum Beispiel von ätherischen Tatsachen: Menschen beginnen, die Aura anderer Menschen zu sehen, bekommen Vorahnungen künftiger Ereignisse, oder es werden Engelerlebnisse durchgemacht.

Der allgemeine Zustand der Menschheit verändert sich also zunehmend, und dies wird im nächsten Jahrtausend fortschreiten, so daß wir in der Zukunft ganz andere seelische und geistige Verhältnisse bezüglich der Sensibilität gegenüber der geistigen Welt haben werden. Das Wiedererscheinen des Christus für den einzelnen Menschen ist in diesem Rahmen sozusagen der Spezialfall für diese ganz allgemeine Gestimmtheit der menschlichen Seele in bezug auf das Geistige. Ganz besonders schwierig werden diese Tatsachen dann, wenn der Mensch trotzdem nur wieder an den materiellen Gegebenheiten festhält und von seiner Umwelt suggeriert bekommt, als dürfte es diese neuen Seelenfähigkeiten nicht geben. In diesem Falle wird der Mensch in eine sehr tragische, sogar krankhafte Entwicklung hineingeraten.

W.W.: Wenn Rudolf Steiner über den ätherischen Christus spricht, so weist er auch speziell auf die Jahre 1933/35/37 hin, in welchen die Menschen diese neuen Seelenfähigkeiten besonders erlangen werden. Ist der Faschismus dieser Zeit und die Führereuphorie ein Gegenbild bzw. die Perversion der Wiedererscheinung Christi?

H.-W. Schroeder: Selbstverständlich, das kann man sogar bis in die Einzelheiten hinein nachweisen. In dem Moment, in dem eine neue Führung durch die Christuswesenheit möglich wird, tritt ein äußerer Führer als

Mensch auf und stellt das Gegenbild dar. Die Seelenkräfte, die eigentlich prädestiniert sind, die innere Führerschaft zu finden, werden nun auf eine äußere Führergestalt abgelenkt bzw. fixiert. Es ist bestürzend zu sehen, daß Rudolf Steiner auf die Jahre 1933/35/37 als ganz besonders wichtig hinweist, und dann tatsächlich besonders in diesen Jahren die Gegenbilder auftreten und das eigentliche Geschehen – zunächst – wie verdecken.

W.W.: Im Zusammenhang mit diesem Äthersehen, dem möglichen Wahrnehmen alles Ätherischen als schattenhafte Bilder ginge auch einher, daß man Vorgänge in der geistigen Welt wahrnehme, die sich drei bis vier Tage später in der physischen Welt ereignen würden. Was ist mit diesem Äthersehen gemeint?

H.-W. Schroeder: Alles künftige Schicksal ist bis zu einem gewissen Grade vorgebildet. Bestimmte Tatsachen, die sich erst in Zukunft ereignen werden, bilden sich in der geistigen Welt bereits vorher aus. Das Schicksal hat für den einzelnen Menschen wie für die gesamte Menschheit eine bestimmte Richtung, und die geistigen Wesen wirken daran, daß die Tatsachen, die eintreten sollen, auch wirklich eintreten. Aus diesen Gegebenheiten heraus, daß die Zukunft bereits geistig „begonnen" hat, ist es bei einer gewissen Sensibilität für geistige Tatsachen möglich, künftige Ereignisse wie in einem Vorgriff wahrzunehmen. Das gilt nur für die Geschehnisse, die *notwendig* eintreten müssen. Dem steht der Bereich der menschlichen Freiheit gegenüber, der aus dieser Notwendigkeit etwas Positives machen kann – oder auch nicht!

W.W.: Es geht ja darum, daß man – genauso wie man den Christus im Ätherischen wird wahrnehmen können – alle Ätherleiber schauen lernen wird. Mir scheint es so, als würde man immer nur darauf achten, welcher Mensch denn nun irgendwann und irgendwo den ätherischen Christus geschaut hat oder schauen wird. Sollte man nicht sein Augenmerk genauso gewichtig darauf legen, daß man das Ätherische überhaupt allgemein wahrnehmen lernt?

H.-W. Schroeder: Ich finde ganz richtig, was Sie sagen. Vor allem sollte man nicht den Eindruck erwecken, als müßte nun jeder Mensch gleich zu dem Schauen des ätherischen Christus kommen, denn das ist eine Schicksalsfrage, wann und wie der einzelne Mensch dazu kommt. Auch ist eine ungeheure Verantwortung damit verbunden, die man nicht unnötig an sich heranziehen sollte.

Erstrebenswert wäre es allerdings – und das kann man mit dem gewöhnlichen Bewußtsein –, die irdische Welt so wahrnehmen zu lernen, daß sie von der geistigen Welt durchdrungen ist. Am unbefangensten kann man das beim Anblick einer Pflanze oder auch eines Kindes: Man kann sehen lernen – ohne hellsichtig werden zu müssen –, daß sie nicht nur eine Ansammlung von Molekülen sind, sondern sich an und in ihnen auch etwas Geistiges offenbart, wenn man den Blick geduldig und liebevoll gestaltet. *Diesen* Blick sollte man schulen; er führt dann in die Stimmungen hinüber, die mit dem ätherischen Hellsehen zusammenhängen.

W.W.: Nun spricht Rudolf Steiner darüber, daß man diesen ätherischen Christus in der Gestalt eines Engels wird wahrnehmen können. Wie kann man das verstehen?

H.-W. Schroeder: Das hängt damit zusammen, daß in diesem Wahrnehmungszusammenhang immer ganz besonders das individuelle Schicksal des Menschen angesprochen ist. Es sind zwar nicht immer nur die schweren Schicksale, die ein derartiges Hellsehen auslösen, aber ein Schicksalsschlag, ein Todesfall, ein Unglück oder eine schwierige Erfahrung kann die Wahrnehmung der Nähe des Christus am direktesten herbeiführen. Umgekehrt ist es auch so, daß der Mensch in der Begegnung mit Christus den tiefen Sinn seines Schicksals erkennen oder mindestens fühlen lernt. Er kann eine Wahrnehmung davon gewinnen, daß auch die schwierigen und schwersten Stationen seines Schicksals einen Sinn haben, daß sie eine Perspektive auf die Zukunft bieten. Deswegen sind die *Schicksalsereignisse* das Element, in dem sich die Wiederkunft Christi meist manifestiert, und das ist der Bereich, in dem der Engel wirkt. Das ist zumindest *ein* Aspekt dafür, daß der ätherische Christus im Bereich der Engelsphäre erscheint. Er bedient sich eines Wesens aus der Hierarchie der Angeloi, die das Schicksal des einzelnen Menschen impulsieren, um in diesem Bereich für den Menschen wirksam zu werden.

W.W.: Ist dies ein wirkliches individuelles Engelwesen, wie Jesus ein individueller Mensch gewesen ist?

H.-W. Schroeder: Ja, das ist ein individuelles Wesen, das sich dieser Aufgabe unterzieht; ganz genauso wie es damals einen Menschen gab – Jesus von Nazareth –, der diese Aufgabe hatte.

W.W.: Der ätherische Christus kann seit 1909 wahrgenommen werden; warum gerade seit diesem Jahr?

H.-W. Schroeder: Für mich steht das mit zwei Ereignissen in Verbindung. Auf der einen Seite haben wir das Jahr 1879 als ein charakteristisches Jahr des vorigen Jahrhunderts, in dem durch die Michaeltätigkeit ein bestimmtes Ereignis in der geistigen Welt stattgefunden hat: Michael hat die geistige Welt von den luziferisch-ahrimanischen Wirkungen gereinigt. In der Apokalypse des Johannes wird dieses Ereignis als der „Sturz des Drachen" (Apk 12) dargestellt. Das heißt, seit dieser Zeit ist die an die Erdensphäre angrenzende Welt von den Drachenwirkungen frei. Nun gibt es den Zeitrhythmus von 30 Jahren, der auch in dem Jesusleben eine Rolle spielt, und dieser Rhythmus wird nun für den nächsten Schritt wirksam, der mit der Wahrnehmung des ätherischen Christus zusammenhängt. So kommt man von dem Jahr 1879 zu dem Jahr 1909. – Ein anderer Zusammenhang ist folgender: Mit dem Beginn des Materialismus im vorigen Jahrhundert mußte der Christus eine um so größere Kraft entfalten, um diese Flut des

Die Kreuzigung mit Maria und Johannes
Michelangelo

Materialismus auszugleichen. Diese Kraft, die er da entfaltet hat, kommt im Jahre 1909 zum ersten Mal zum Durchbruch, zur Wirksamkeit, so daß sie dann wahrnehmbar werden kann.

W.W.: Die Zahl 30 kommt in den Darstellungen Steiners auch in bezug auf das individuelle Menschenleben vor, zum Beispiel in folgendem Zitat:

„Im dreißigsten Jahre seines Lebens sah der Jesus von Nazareth in sich den Christus einziehen. Ein neues Seelenleben begann in dem Leibe des Jesus von Nazareth, da der Christus in ihn eingezogen war an die Stelle des Zarathustra-Ich, das ihn verlassen hatte. Das war am Beginn unserer Zeitrechnung. Eine Zeit steht jetzt vor der Tür, in welcher die Menschen immer zahlreicher werden, bei denen vom dreißigsten Jahre ihres Lebens an, zwar nicht der Christus in seiner Fülle, aber die Christus-Erkenntnis wie durch eine Erleuchtung einziehen wird. Im dreißigsten Lebensjahre wird bei diesen Menschen ein neues, umfassendes Seelenleben beginnen dadurch, daß sie den Christus in seiner ätherischen Wesenheit schauen werden." (GA 152/1960/29.05.1912/S.89 f.)

Warum wird der Mensch den ätherischen Christus erst ab dem 30. Jahr schauen?

H.-W. Schroeder: Ich denke, daß dies damit zusammenhängt, daß der Mensch nach seinem 28. Lebensjahr Entwicklungen durchmacht, die nun ganz auf das individuelle Schicksal ausgerichtet sind. Im allgemeinen kann man sagen, daß bis zum 28. Lebensjahre immer noch Kräfte nachwirken, die ihn durch seine Kindheit, durch seine Geburt bzw. durch sein gesamtes Schicksal geschenkt worden sind, und bis zum 28. Jahre zehrt er noch sehr stark von diesen Kräften. Mit dem 28. Lebensjahr kommt ein Umbruch, und von nun an muß sich der Mensch Kräfte erringen, die sich nicht auf etwas Gegebenes abstützen können. Deswegen wird es für den Menschen erst ab diesem Zeitpunkt möglich, sich tiefer mit seinem Schicksal auseinanderzusetzen, so wie wir es eben besprochen haben. Und so wird man erst von diesem Lebensalter an in einem wirklich umfassenden Sinne sein eigenes Schicksal mit der Christuswirksamkeit durchdringen können, so daß daraus folgend erst eine tiefere Christuswahrnehmung möglich werden kann.

Christus wird sein Wort auch in Versammlungen werfen

W.W.: Besonders interessant ist eine Textstelle Rudolf Steiners, wo er darüber spricht, daß der ätherische Christus keineswegs nur dem Individuum erscheint, sondern auch auf Versammlungen von Menschen auftreten wird:

„Denn an jenem Zeitpunkt sind wir angelangt, wo der ätherische Christus in das Erdenleben eingreift und zunächst einer kleinen Anzahl von Menschen sichtbar wird wie in einem natürlichen Hellsehen. Dann in den

Kreuzigung
Joseph Beuys, 1962/65
Stuttgart, Staatsgalerie. © VG Bild-Kunst, Bonn, 1992

nächsten dreitausend Jahren wird er immer mehr Menschen sichtbar werden. Das muß kommen, das ist ein Naturereignis. Daß es kommt, ist ebenso wahr, als im neunzehnten Jahrhundert die Errungenschaften der Elektrizität gekommen sind. Daß eine gewisse Anzahl von Menschen den Äther-Christus sehen wird, das Ereignis von Damaskus haben wird, ist wahr. Aber es wird sich darum handeln, daß die Menschen lernen, den Moment zu betrachten, wo der Christus an sie herantritt. Es werden nur wenige Jahrzehnte vergehen, und für die Menschen, besonders der jugendlichen Jahre, wird der Fall eintreten – jetzt schon überall bereitet es sich vor –: Irgendein Mensch kommt da oder dort hin, dieses oder jenes erlebt er. Wenn er nur wirklich das Auge durch Beschäftigung mit der Anthroposophie geschärft hätte, könnte er schon bemerken, daß plötzlich um ihn irgend jemand ist, kommt, um zu helfen, ihn auf dieses oder jenes aufmerksam zu machen: daß ihm der Christus gegenübertritt – er aber glaubt, irgendein physischer Mensch sei da. Aber daran wird er merken, daß es ein übersinnliches Wesen ist, daß es sogleich verschwindet. Gar mancher wird erleben, wenn er gedrückten Herzens, leidbelastet, still in seinem Zimmer sitzt und nicht aus noch ein weiß, daß die Tür geöffnet wird: Der ätherische Christus wird erscheinen und wird Trostesworte zu ihm sprechen. Ein lebendiger Trostbringer wird der Christus für die Menschen werden! Mag es auch heute noch grotesk erscheinen, aber wahr ist es doch, daß manchmal, wenn die Menschen zusammensitzen, nicht ein noch aus wissen, und auch wenn größere Menschenmengen zusammensitzen und warten: daß sie dann den ätherischen Christus sehen werden! Da wird er selber sein, wird beratschlagen, wird sein Wort auch in Versammlungen hineinwerfen. Diesen Zeiten gehen wir durchaus entgegen. Das ist das Positive, dasjenige, was als positives, aufbauendes Element in die Menschheitsentwickelung eingreifen wird." (GA 130/1977/01.10.1911/S.93 f.)

Haben Sie irgendwelche Erfahrungen damit, daß Christus auch in dergleichen Menschengruppen aufgetreten wäre?

H.-W. Schroeder: Ich denke, diese Schilderungen beziehen sich sehr stark auf das Zukünftige. Bestimmte Anklänge gibt es allerdings in manchen Berichten aus der Kriegszeit; da gibt es ähnliche Erlebnisse – einige davon habe ich auch in meinem Buch benutzt: Ein Mensch, den ich auch persönlich gekannt habe, hat zum Beispiel berichtet, wie ihm eine Anweisung von jemandem, den er später als Christus erkennt, gegeben wird, wodurch er eine Gruppe von Menschen aus unmittelbarer Todesgefahr herausführen konnte. Solche Erlebnisse, wo nicht nur ein einzelner Mensch betroffen war, sondern eine Gruppe, hat es durchaus gegeben. Aber das Spezifische, was Rudolf Steiner hier andeutet, daß der ätherische Christus in Versammlungen auftreten wird, sein Wort in die Versammlung werfen wird, raten wird, wenn die Menschen nicht mehr aus noch ein wissen, das ist noch ein zukünftiges Ereignis.

Gefahren und Einbildungen

W.W.: Muß man unbedingt ein anfängliches Ätherhellsehen entwickelt haben, um den ätherischen Christus zu schauen, oder reichen auch leidvolle Situationen aus?

H.-W. Schroeder: Es gibt beides. Einerseits kann man in der eigenen Schulung so weit entwickelt sein, daß man ein anfängliches Ätherhellsehen erringt und dann solche Erfahrungen mit hereinkommen, aber es kann auch aus dem ganz gewöhnlichen Bewußtsein heraus geschehen. Die „Schulung", die zu diesem Erlebnis hinführt, wird dann durch das Schicksal selbst vollzogen, sie wird durch die schwierigen Situationen des Schicksals bewirkt. Denn an solchen Erlebnissen kann die Seele gleichsam aufbrechen und für die Gegenwart Christi, die ja immer da ist, sensibel werden.

W.W.: Liegen hier nicht große Gefahren der Einbildung im Bereich des Möglichen, auch Verwechslungen mit anderen Wesen, die vielleicht ebenfalls den Menschen erscheinen können? Wie kann man prüfen, wenn jemand berichtet, daß er ein Christuserlebnis gehabt habe, ob dies wirklich eines gewesen ist?

H.-W. Schroeder: Dabei ist eine Äußerung Rudolf Steiners zu Friedrich Rittelmeyer, der ihn einmal danach gefragt hat, sehr hilfreich. Rittelmeyer hatte gefragt, wie man unterscheiden könne, ob es sich um ein Christuserlebnis oder etwa um das Erleben eines luziferischen Wesens handeln würde, wenn bestimmte innere Erfahrungen eintreten. Worauf Rudolf Steiner geantwortet habe, daß mit dem Christuserlebnis das Erlebnis der absoluten, reinsten Selbstlosigkeit verbunden sei. Alles, was in solchen Erlebnissen zur Steigerung des *eigenen* Persönlichkeitsempfindens führt, zum Beispiel daß man sich bevorzugt glaubt usw., dürfte nicht auf ein echtes Christuserlebnis hinweisen. Erfahrungen, die dazu führen, nicht sich selbst zu steigern, sondern sich in Mitgefühl und Hilfsbereitschaft den anderen Menschen zuzuwenden, haben das Siegel echter Erlebnisse. In solchen Fällen entsteht im Menschen die Kraft, über das eigene Schicksal hinaus für andere Menschen da zu sein. Das ist meiner Ansicht nach eines der wesentlichen Kriterien.

W.W.: Wenn es aber nur eine bloße Erscheinung ist, die einem nicht unbedingt etwas mitteilt, wenn es lediglich eine Lichtgestalt ist?

H.-W. Schroeder: Es kann sich ja auch um einen Engel oder einen Verstorbenen handeln. Von der Christuswahrnehmung geht eigentlich immer etwas für das Schicksal Wirksames aus, auch das Vertrauen zum eigenen Schicksal, der Wille, das eigene Schicksal auf sich zu nehmen, auch die Erkenntnis, daß das Schicksal einen Sinn hat. Es kann auch eine konkrete Hilfeleistung in einer gefährlichen Situation, zum Beispiel die Rettung vor dem Tode, sein. Wenn es aber als ein allgemeines Erlebnis erscheint, das ja auch eindrucksvoll sein kann, aber ohne einen Schicksalsakzent zu setzen oder tiefere Seelenschichten zu berühren, müßte man an ein anderes Wesen denken.

Immer mehr Menschen haben Wiederkunftserlebnisse

W.W.: Haben Sie Erfahrungen mit Wiederkunftsereignissen durch Berichte anderer Menschen?

H.-W. Schroeder: Ja, viele!

W.W.: Können Sie einmal ein Beispiel geben?

H.-W. Schroeder: Eine Schilderung war sehr eindrucksvoll für mich selbst. Oft sind solche Erlebnisse ja nicht so, daß man sie gleich erzählt. Es war ein Mensch, der hier in Stuttgart Mitglied der Christengemeinschaft war, ein sehr altes Mitglied und auch sehr tätig im öffentlichen Leben. Am Ende seines Lebens hat er berichtet, wie er ein Christuserlebnis gehabt hat und dadurch auf eine bestimmte konkrete Aufgabe in seinem Beruf hingewiesen wurde. Er sollte etwas hier im Stuttgarter Bereich initiieren. Er hat sich dies zur Lebensaufgabe gemacht und in einer Weise durchgeführt, die bis heute – er selbst ist nun schon Jahrzehnte verstorben – für viele Menschen eine positive Bedeutung hat. – Neuerdings ist ja auch aus seinem Tagebuch veröffentlicht, daß Albert Steffen 1922 während der Teilnahme an der ersten Menschenweihehandlung eine Christuswahrnehmung hatte. – Es vergeht jetzt fast keine Woche – gerade auch, weil ich dieses Buch über die Wiederkunft veröffentlicht habe –, in der ich nicht schriftlich oder mündlich einen oder einige Berichte von Christuserfahrungen bekomme.

W.W.: So viele? Dann ist das doch häufiger, als man vielleicht glauben mag?

H.-W. Schroeder: Ja, viel öfter! Man kann damit rechnen, daß, wenn man hundert Menschen vor sich hat, fünf oder sechs derartige Erfahrungen haben.

W.W.: Kennen Sie auch entsprechende Schilderungen von nichtchristlichen Menschen?

H.-W. Schroeder: Nur insofern, als Menschen mit solchen Erfahrungen nicht „religiös" sein müssen. Aber aus anderen Religionen – Islam, Buddhismus –: das habe ich bisher nicht erlebt. Es wäre noch eine besondere Aufgabe, die entsprechenden Erlebnisse in buddhistischen oder islamischen Zusammenhängen aufzusuchen. Das habe ich bisher nicht gemacht, aber ich bin sicher, daß Entsprechendes auch dort auftritt.

W.W.: Gibt es Unterschiede im Schauen des Auferstehungsleibes und des ätherischen Christus? In bezug auf das Damaskuserlebnis des Paulus, was ja der Auferstandene war, drückt sich Rudolf Steiner indifferent aus.

H.-W. Schroeder: Ich denke, daß dies dynamisch zu sehen ist. Es muß nicht immer die volle Offenbarung der Phantomgestalt in der ätherischen Erscheinungsweise des Christus enthalten sein, aber das Schauen des ätherischen Christus kann sich zunehmend auch zum Schauen der Phantomgestalt des Christus hin entwickeln. Es gibt ja auch sehr eindrucksvolle Äußerungen Rudolf Steiners, daß der Christus in die äußeren Verhältnisse, ja sogar in den technischen Bereich eingreifen wird. Das kann man nicht mehr damit erklären, daß Christus auf der ätherischen Ebene bleibt; man sieht daran: Er wirkt in den Bereich des Physischen hinüber.

W.W.: Auf welche Weise wird der Auferstandene in die technischen Zusammenhänge eingreifen?

H.-W. Schroeder: Wahrscheinlich über Menschen, die er anweisen wird. Er wird nicht an irgendwelchen Maschinen stehen. Aber er kann Menschen inspirieren oder anweisen, auf technischer Ebene etwas zu tun.

Christus nimmt die objektive Karmaschuld auf sich

W.W.: Ein interessanter Aspekt ist der, daß Christus der Herr des Karma wird:

„Nur ist im Sinne der okkulten Forschung dieses Ereignis nicht so zu verstehen, als ob es ein einmaliges Ereignis wäre, das auf dem physischen Plan sich abspielt, sondern es hängt mit der ganzen zukünftigen Entwickelung der Menschheit zusammen. Und während das Christentum und die christliche Entwickelung bisher eine Art von Vorbereitung bedeutet, tritt jetzt das Bedeutsame ein, daß der Christus der Herr des Karma wird, daß ihm es obliegen wird, in der Zukunft zu bestimmen, welches unser karmisches Konto ist, wie unser Soll und Haben im Leben sich zueinander verhalten." (GA 131/1974/07.10.1911/S.78)

Was bedeutet das? Normalerweise werden die Impulse für das Karma ja während der nachtodlichen Kamalokazeit aufgenommen. Was wird nun anders?

H.-W. Schroeder: Das ist sehr schwierig, im einzelnen darzustellen. Aber die Grundaussage scheint mir zu sein, daß in die Schicksalswirkung des Menschen eine ganz neue Kraft hereinkommt dadurch, daß sich der Mensch mit dem Christus verbindet. Bisher stand der Mensch vor den Todeserlebnissen und den Erlebnissen des Bösen so, daß er sie erlitten hat, daß er sie erdulden mußte und ihnen in gewisser Weise unterlegen war. Nun tritt durch die Christuswirkung etwas in das Schicksal des Menschen ein, daß er mit diesen Erlebnissen anders umgehen kann, daß aus den Todeserlebnissen die Erfahrung eines andersartigen, eines höheren Lebens hervorgeht und daß aus den Erlebnissen des Bösen die Kraft eines höheren Guten entstehen kann. Das sind Schicksalswirkungen, die bisher nicht allgemein da waren, nur anfänglich. Aber heute werden sie allgemeine Schicksalswirkung für diejenigen Menschen, die eine Beziehung zu dem Christus finden. Rudolf Steiner schildert ja auch, daß die objektiven Wirkungen, die von den Verschuldungen der Menschen ausgehen, die der Mensch nicht mehr selbst auflösen kann, von dem Christus übernommen werden. Der Mensch erlebt, daß seine negativen, bösen Wirkungen von dem Christus verwandelt und ihm in verwandelter Form wieder zur Verfügung gestellt werden: als Kraft und als Aufgabe. Das ist allerdings etwas ganz Ungeheures, vor allem etwas vollkommen Neues.

W.W.: Von dieser objektiven und subjektiven Karmaschuld spricht Rudolf Steiner in dem Vortrag vom 15.07.1914 und sagt aus, daß der Christus seit dem Mysterium von Golgatha die objektive Schuld übernimmt. Wörtlich heißt es:

„Nehmen wir an, im Jahre 733 meinetwillen habe irgendein Mensch gelebt und habe dazumal eine schwere Schuld auf sich geladen. Nun untersucht man die Akasha-Chronik, zunächst ohne daß man irgend etwas von einer Verbindung hat mit dem Christus. Und siehe da, man kann die betreffende Schuld nicht finden in der Akasha-Chronik. Geht man aber jetzt auf den Menschen ein, der weiter gelebt hat, und untersucht sein Karma, dann findet man: Ja, auf dieses Menschen Karma ist noch etwas, was er abzutragen hat; das müßte an einem bestimmten Zeitpunkt in der Akasha-Chronik darinnen stehen; es steht aber nicht darinnen.

Wenn man das Karma untersucht, sieht man: Ja, er hat es abzutragen, man müßte in jener Inkarnation die Schuld in der Akasha-Chronik finden, sie steht aber nicht darinnen. Welch ein Widerspruch! Eine ganz objektive Tatsache, die in zahlreichen Fällen sich ergeben kann. Ich kann heute einem Menschen begegnen. Wenn es mir durch Gnade gegeben wird, etwas zu wissen über sein Karma, so kann ich vielleicht finden, daß irgendein Unglück oder ein Schicksalsschlag, der ihn trifft, auf seinem Karma steht, daß es der Ausgleich ist für eine frühere Schuld. Gehe ich der Sache nach in früheren Inkarnationen und prüfe, was er dazumal gemacht hat, so sehe ich in der Akasha-Chronik diese Tatsache nicht verzeichnet. Woher kommt denn das?

Das kommt davon her, daß der Christus tatsächlich auf sich genommen hat die objektive Schuld. In dem Augenblick, wo ich mich mit dem Christus durchdringe, wo ich mit dem Christus die Akasha-Chronik durchforsche, finde ich die Tatsache! Christus hat sie in sein Reich genommen und trägt sie als Wesenheit weiter, so daß, wenn ich von Christus absehe, ich sie nicht finden kann in der Akasha-Chronik. Man muß sich diesen Unterschied merken:

Es bleibt bestehen die karmische Gerechtigkeit, aber in bezug auf die Wirkungen einer Schuld in der geistigen Welt tritt der Christus ein, der diese Schuld in sein Reich hinübernimmt und weiterträgt.

Der Christus ist derjenige, der in der Lage ist, weil er einem anderen Reiche angehört, unsere Schulden und unsere Sünden in der Welt zu tilgen, sie auf sich zu nehmen." (GA 155/1960/15.07.1914/S.184)

Begegnung (Der Judaskuß?)
Ernst Barlach, 1922

Wie kommt es, daß in der Akasha-Chronik nur die objektiven Folgen für die Welt zu finden sind, nicht aber die persönliche Schuld? Bisher habe ich es so verstanden, daß die während des Lebens im Ätherleib eingeprägten Eindrücke des Menschen nach seinem Tode in den Weltenäther übergehen, die anthroposophischen und materialistischen Gedanken sogar schon während jeder Nacht. Warum sind davon keine Folgen in der Akasha-Chronik zu finden?

H.-W. Schroeder: Das ist allerdings eine erstaunliche Tatsache, heißt meines Erachtens aber nicht, daß die persönliche Schuld überhaupt nicht auffindbar wäre, auch wenn sie nicht in der Akasha-Chronik auffindbar ist. Das geht auch aus einer interessanten Stelle innerhalb der Mysteriendramen Rudolf Steiners hervor (GA 14, 3. Drama, 10. Bild). Dabei geht es um etwas, was Capesius in einem früheren Erdenleben verbrochen hat und daß dies in der Akasha-Chronik nicht zu finden ist. Warum? Weil es der Christus in seinen Bereich mit hineingenommen hat. Die persönliche Schuld ist also statt in der Akasha-Chronik in dem Bereich des Christus zu finden. Die persönliche Schuld wird in seinen Bereich hinübergenommen und erfährt dadurch die Durchdringung mit der Christuswirkung, wodurch die persönliche Schuld im Karma des Menschen etwas anderes wird.

W.W.: Kann man das so sehen, daß Christus eine individuelle Karmawirkung zuteilt, daß also statt der bisherigen Karmagesetzmäßigkeit der Christus an die Stelle tritt?

H.-W. Schroeder: So ist es, dadurch wird die Karmawirkung viel stärker der Individualität angemessen sein, vor allem wird dies aber von dem getragen sein, was als helfende und ausgleichende Wirkung von dem Mysterium von Golgatha ausgeht.

W.W.: Gilt dies nur für diejenigen Menschen, die sich mit der Christuswesenheit durchdringen, oder für alle Menschen?

H.-W. Schroeder: Nur für diejenigen, die sich dem Christus zuwenden. Zumindest verstehe ich das so.

W.W.: Hier bekommt der Ausspruch „Deine Sünden sind dir vergeben" eine ganz neue Tragweite:

„Was bedeutet es für die menschliche Seele, wenn im Auftrage Christi derjenige spricht, der sprechen darf: ‚Deine Sünden sind dir vergeben'? Das heißt, der Betreffende weiß zu bekräftigen: Du hast zwar deinen karmischen Ausgleich zu erwarten, aber deine Schuld und Sünde wandte der Christus um, so daß du später nicht das ungeheure Leid zu tragen hast, zurückzuschauen auf deine Schuld so, daß du damit ein Stück Erdendasein vernichtet hast. – Der Christus tilgt sie aus. Dazu aber ist ein gewisses Bewußtsein notwendig, welches gefordert wird, welches der, der die Sünden vergeben will, der Sündenvergeber, fordern darf: Bewußtsein der Schuld und Bewußtsein dessen, daß der Christus die Schuld auf sich nehmen kann. Dann bedeutet eine *kosmische* Tatsache der Ausspruch:

‚Deine Sünden sind dir vergeben', und *nicht eine karmische* Tatsache." (GA 155/1960/15.07.1914/S.188)

H.-W. Schroeder: Ja, hier weist Rudolf Steiner auf die objektive Sünden-wirkung hin, die der Mensch nicht ausgleichen kann, ferner darauf, daß ihm der Vorwurf weggenommen wird, daß er etwas verschuldet habe, was er nicht ausgleichen kann. Das furchtbare und erdrückende Erlebnis wird ihm von dem Christus abgenommen, während allerdings seine persönlichen Angelegenheiten davon nicht betroffen sind.

Die Überwindung von Sektiererei und Nationalitätenkonflikten

W.W.: Rudolf Steiner spricht im Vortrag vom 25.03.1907 davon, daß das Blut früher alle Menschen verbunden habe – in Familien, Völkern, Rassen – und daß zum Zeichen, daß dieses Prinzip überwunden werden müsse, das Blut aus dem durch den Lanzenstich verwundeten gekreuzigten Christus herausfließt. Die neuen Gemeinschaften müssen vom Ich abhängen, nicht mehr vom Blut.

„Von diesem Blute, das aus den Wunden fließt – seien Sie sich klar, was es weltgeschichtlich bedeutet! Warum fließt es? Warum wird überhaupt gesprochen von dem fließenden Blute des Christus Jesus? Was hat alle engeren Gemeinschaften begründet? Was hat die kleinen Stämme zusam-mengeschlossen? Was muß seine Bedeutung in diesen engen Grenzen verlieren, wenn sich die ganze Menschheit zum Bruderbund erweitern soll? Das Blut. Nicht mehr kann vom Blute das abhängen, was auf das Ich wirkt, was in dem Ich pulsiert, wenn die ganze Menschheit zum Bruderbund reifgeworden ist. Daher muß durch Christi Wunden das überflüssige Ich-Blut, dasjenige Blut, welches macht, daß die Menschheit nicht ihr Ich zum universellen Ich erweitert, das muß fließen als selbstsüchtiges Blut, als egoistisches Blut. Das fließt aus. Betrachten Sie das nicht als Bild, sondern als Realität. Betrachten Sie diejenige Menge Blut, die aus Christi Wunden geflossen ist, als die Menge, die fließen mußte, damit das Blut die Tendenz verliert, enge Gemeinschaften zu begründen, und damit die Möglichkeit gewinnt, den Bruderbund über die ganze Erde zu verbreiten." (GA 96/ 1974/25.03.1907/S.268)

Wie kann man das einem normal Sterblichen erklären?

H.-W. Schroeder: Das dürfte schwierig werden, weil man erst einmal einen Begriff dafür brauchen wird, daß das, was an einer Stelle der Weltge-schichte geschieht, eine Wirkung auf das Ganze hat. Man müßte also den Begriff bilden: Das, was sich irgendwo in der Menschheitsgeschichte voll-zieht, kann eine Wirkung für die ganze Menschheit bekommen. Denn um so etwas handelt es sich hier: Ein Wesen gibt aus völlig freier Opfergesin-nung etwas hin, um den anderen Menschen zu ermöglichen, etwas Ähnliches zu tun, nämlich sich von der einseitigen Bindung an die Blutskräfte zu befreien. Das ist während des Mysteriums von Golgatha geschehen und breitet sich als eine Möglichkeit für alle Menschen aus und wird sich in den nächsten Jahrtausenden noch steigern.

Diesem Gedanken, daß an einer Stelle der Menschheit etwas auftritt, was dann für die ganze Menschheit bedeutsam wird, kann man sich äußerlich zunächst dadurch nähern, daß man sieht, wie bestimmte Dinge, die *ein* Mensch gefunden bzw. entdeckt hat – wie zum Beispiel Kopernikus: Die Sonne ist der Mittelpunkt des Planetensystems und nicht die Erde –, menschheitlich werden. Oder die Tat des Henri Dunant (Begründer des Roten Kreuzes): Uns ist das heute etwas Selbstverständliches, aber früher ließ man die Verwundeten einfach auf dem Schlachtfeld liegen. Was als Impuls in *einem* Menschen entsteht, kann menschheitlich werden. Im allerhöchsten Sinne, geistig gesteigert, muß man sich das vorstellen für das, was der Christus vollzogen hat, woraus eine Wirkung für die ganze Menschheit erstanden ist. Warum? Weil er innerlich mit allen Menschen zusammenhängt, weil er von innen her die ganze Menschheit umfaßt.

W.W.: Im weiteren spricht Rudolf Steiner von dem neuen Bruderbund, der mit der Ausgießung des Heiligen Geistes auf die Apostel beginnt, von dem Geist der Wahrheit, der über alles Sektiererische, Trennende, Egoistische erhaben ist. Wenn man sich aber heute die Welt anschaut, so findet man zunehmend Haß, Gewalt, aufkochende Nationalitätenkonflikte, Gemeinschaften, die sich zerstreiten (sogar bei denen, die dem Geist der Wahrheit durch die Anthroposophie nahe sein könnten), aber keinen menschheitlichen Bruderbund. Ist es zu kurzatmig zu glauben, daß die Entwicklung schon weiter sein müßte, oder sind wir bereits auf einer absteigenden Entwicklung?

H.-W. Schroeder: Sicherlich muß man „mit großem Atem" denken; alle diese Entwicklungen haben eine große Perspektive für die Zukunft. Das mit dem Bruderbund hat nur dann einen Sinn, wenn auch starke Iche diesen Bruderbund bilden, denn wenn das eine lahme Gesellschaft wäre, die in ihren einzelnen nichts zu bedeuten hätte, so wäre dieser Bruderbund ohne Wirkung. Heute ist die Menschheitsentwicklung erst an dem Punkt angekommen, an dem sich die Ichkraft herausbildet, sich zunächst aber vor allem in negativen Erscheinungen geltend machen muß, die mit der Entwicklung dieser Ichkraft zusammenhängen. Denn schließlich empfindet jeder zunächst sein eigenes Ich und kommt erst später darauf, daß das Ich des anderen auch eine Bedeutung haben könnte. Die eigentliche Wirkung des Heiligen Geistes ist etwas, was noch in der Zukunft liegt. Andererseits muß man sagen, daß in den wahnsinnigen Nationalitätenkonflikten sowie in den Konflikten einzelner Gruppen untereinander und ineinander auch gewisse geistige Wesen wirken, die gerade das verhindern wollen, was heute als Wirkung des Heiligen Geistes beginnen soll.

Wer hat die Welt erschaffen?

W.W.: Die Schöpfung der Welt durch den Vatergott steht im Widerspruch zum Prolog des Johannesevangeliums. Wie löst man diesen Widerspruch auf?

H.-W. Schroeder: Dazu gibt es bereits von Paulus einen interessanten Hinweis. Über den Widerspruch sind wir uns einig; man hat bis in das Glaubensbekenntnis herein die Schöpfung dem Vatergott zugesprochen – das ist eine Verkennung der Tatsachen. Paulus formuliert dazu im ersten Korintherbrief 8, 6: „Wir haben nur einen Gott, den Vater, *von* welchem alle Dinge sind, und einen Herrn, Jesus Christus, *durch* welchen alle Dinge sind und wir durch ihn." Hier haben wir eine geniale Formulierung, die beide Seiten des Tatbestandes einbezieht. Natürlich ist auch der Vater mit seiner Kraft in der Schöpfung anwesend, aber das eigentliche Schöpferwirken geht von dem Christus aus. Christus ist der Wirkende und Gestaltende, aber aus dem Vater heraus, deswegen formuliert Paulus: der Vater, *von* welchem alle Dinge sind, und der Christus, *durch* welchen alle Dinge sind. Im Hebräerbrief heißt es dann von dem Sohn, „durch welchen er, der Vatergott, die Welt gemacht hat." (1,2)

W.W.: Ein Rätsel ist sicherlich für die meisten Menschen die Trinität, ob dies nun eine Einheit oder eine Dreiheit von Wesen ist. Wie kann man eine Dreiheit denken, die zugleich eine Einheit ist?

H.-W. Schroeder: Das ist eine der schwierigsten Fragen der ganzen Theologie, an die man sich aber dadurch annähern kann, daß man bemerkt: Es gibt auch sonst in der Welt Dreiheiten, die eine innere Einheit darstellen. Auch der Mensch ist eine solche: Er hat die Kräfte von Denken, Fühlen und Wollen in sich, also eine Dreiheit, aber diese Dreiheit ist in ihm selber als Einheit verbunden, denn der Mensch wirkt sowohl in seinem Denken als auch in seinem Fühlen und Wollen. Obwohl es ganz verschiedene Seelenkräfte sind, stehen sie ihm als einem einheitlichen Wesen zur Verfügung und gehen auch ineinander über: Das Denken kann nicht auftreten, ohne daß auch Gefühle damit verbunden sind, und das Fühlen führt in das Wollen hinüber. Noch deutlicher wird es, wenn man die Pflanze betrachtet, die äußerlich auch eine Dreiheit nach Wurzel, Sproß und Blüte ist, aber innerlich trotzdem eine Einheit, sie ist *die* Rose, die sich dann in drei verschiedenen Bereichen offenbart. Denn die Wurzel der Rose ist ganz Rosenwurzel und kann nicht mit einer Malven- oder Lindenwurzel verglichen werden. Es ist eine ganz charakteristische Ausgestaltung dieses einzigartigen Wesens Rose, sowohl in der Wurzel als auch in den Blättern und Blüten. So offenbart sich das eine Wesen in einer Dreiheit, aber die drei Bereiche ergeben erst zusammengenommen das Wesen Rose ganz.

W.W.: Rudolf Steiner bestätigt sowohl das dreifaltige als auch das dreieinige Wirken der Trinität. Der Vater ist der ungezeugte Zeugende, der Sohn ist der vom Vater Gezeugte, der Heilige Geist der von dem Vater und dem Sohn an die Menschheit Mitgeteilte. Wie kann sich ein Wesen selbst zeugen?

Das Schweigen der Gottheit wurde so dicht, daß daraus der Sohnesgott hervorgehen konnte

H.-W. Schroeder: Der Ausdruck „ungezeugt Zeugender" ist leicht mißverständlich, denn man muß sich klarmachen, wenn man in den Urgrund der Dinge zurückgehen will, dann ist man genötigt, in einen Bereich zurückzugehen, in dem es nichts gibt, was vorher ist. Das ist auch bei den materialistischen Auffassungen ähnlich, denn auch dort kommt man an einen Punkt, der nicht mehr ableitbar ist und wo man nicht mehr sagen kann, daß es einen weiteren Urgrund gibt, der wiederum einen Urgrund vor sich hat. Auch die materialistische Weltauffassung führt dahin, daß man genötigt ist, ein erstes anzunehmen, daß nicht mehr ableitbar ist. Diese Tatsache ist mit dem Wort ungezeugt bzw. ungeschaffen angesprochen. Einen Urgrund der Welt muß es geben, gleich ob er materiell oder geistig gedacht wird. Dieser Urzustand ist in sich selber ruhend, weil er von keinem Vorher abgeleitet werden kann; er trägt sich selbst; und das ist der Gottesbegriff, der den Terminus „ungezeugt" mit sich führt. Aber aus ihm muß alles andere hervorgehen.

W.W.: Und wenn man an die Zeugung des Sohnes durch den Vater denkt, wie kann ein Wesen geistig ein anderes zeugen?

H.-W. Schroeder: Auch hier ist der Begriff des „Zeugens" schwierig; vielleicht war er in früheren Zeiten etwas verständlicher. Man kann sich das so vorstellen, daß dieses Wesen des Vaters in sich eine so ungeheure Fülle und Kraft hat, daß es gleichzeitig wie in sich selber überquillt. Man kann auch ein anderes Bild gebrauchen, das auch im Johannesevangelium vorkommt: Das Schweigen, das in der Gottheit war, wurde so dicht und so substantiell, daß schließlich das „Wort" aus diesem Schweigen hervorgeht. Etwas Ähnliches kann man an einem Menschen erleben, der lange geschwiegen hat und bei dem aus der Substanz des Schweigens das Wort mit einer besonderen Kraft in Erscheinung tritt. So kann man sich vorstellen, daß aus der Fülle und der reifenden Kraft der Gottheit etwas hervorgeht, was dann als ein eigenes göttliches Wesen zur Erscheinung kommt.

W.W.: Ist mit der Zeugung dieses Wesens Christus der Urbeginn dieses Wesens gemeint oder nur die Entwicklung dieses Wesens auf eine höhere Stufe? Denn in manchen Vorträgen beschreibt Rudolf Steiner, daß Christus auf der alten Sonne lediglich der höchstentwickelte Erzengel war, also keineswegs zu den höchstentwickelten Wesenheiten gehörte. Kann man daraus vermuten, daß er zu der Zugehörigkeit zu der höchsten Gottheit (der Trinität) erst später aufgerückt ist? (Vgl. GA 99, S.100)

H.-W. Schroeder: Diese Stelle ist ein weiteres Beispiel dafür, daß man frühe Äußerungen Rudolf Steiners nicht absolut nehmen darf, sondern zu anderen späteren Äußerungen in Beziehung setzen muß. Mit dieser Stelle hat er etwas im Auge, was dann später deutlicher bei ihm heraustritt, daß sich der Sohn, der beim Urbeginn aus dem Vater hervortritt, später mit dem verbindet, was wir äußerlich im Weltall als Sonne bezeichnen. Dadurch tritt das eigentliche Wesen des Christus überhaupt erst in Erscheinung. Das heißt aber nicht – deswegen ist diese Stelle etwas mißverständlich –, daß der Christus nur ein Sonnenwesen ist, sondern er hat seinen Ursprung im Bereich des Vaters, und das, was mit der Zeugung des Sohnes aus dem Vater ausgesagt wird, bedeutet, daß etwas, was im Wesen des Vaters verborgen war, nun in Erscheinung tritt. Man kann nicht sagen, daß es eine Zeit gegeben hätte, in der der Sohn nicht existiert hätte. Schließlich heißt es im Johannesevangelium ja auch, daß „im Urbeginne das Wort war"; aber daß es in Erscheinung tritt, das hat einen Anfang.

W.W.: Wie kann ein Wesen von anderen „mitgeteilt" werden, wie es vom Geist gesagt wird?

H.-W. Schroeder: Es ist nötig, die Begriffe „zeugen" und „mitteilen" zu differenzieren. Das scheint mir damit zusammenzuhängen, daß mit dem Wesen des Heiligen Geistes von vornherein eine soziale Kraft verbunden ist, indem das Gespräch, das Miteinander des Vaters und des Sohnes wiederum wesenhaft erscheint; denn was zwischen dem Sohn und dem Vater hin- und herwebt, nimmt in dem Wesen des Heiligen Geistes Gestalt an. Man kann sich das so vorstellen, daß zwischen zwei Menschen ein solches Einverständnis der Liebe und des gegenseitigen Aufeinandereingehens und des Verstehens ist, daß das sozusagen wie wesenhaft zwischen den Menschen wirkt und von den anderen Menschen als eigene Qualität, als wesenhaft wirkendes Einverständnis erlebt wird. Zwischen dem Vater und dem Sohn ist ein solches Einverständnis; es strömt wesenhaft in die Welt ein und bewirkt aus diesem Miteinander ein Miteinander der Wesen in der Welt. Der Heilige Geist hat immer eine Gemeinschaftskomponente – wie wir vorhin schon angedeutet haben –, die in dem Miteinander des Vaters und des Sohnes begründet ist.

Die drei Begegnungen des Menschen mit der Trinität

W.W.: In GA 175 spricht Rudolf Steiner von drei Begegnungen des Menschen mit den Wesen der Trinität. Eine Begegnung des Geistgottes kann der Mensch jede Nacht haben, vermittelt durch seinen Engel, wenn er sich zum Beispiel mit geistigen Gedanken beschäftigt. Die zweite Begegnung ereignet sich jedes Jahr zu Weihnachten, wo jeder Mensch eine zunächst unbewußte Begegnung mit dem Christus hat, vermittelt durch einen Erzengel. Wieso offenbart sich Christus durch einen Erzengel, wie geschieht dies konkret und warum gerade zu Weihnachten?

H.-W. Schroeder: Wir haben vorhin gesagt, daß sich der Wiedererscheinende in der Sphäre der Engel, der Schicksalswirkung zeigt, und das wird nun insofern zu Weihnachten in eine höhere Ebene hinaufgehoben insofern, als jetzt nicht das Einzelschicksal des Menschen gemeint ist, sondern die Erscheinung zu Weihnachten einen umfassenderen Charakter bekommt. Sie betrifft nicht nur einzelne Menschen in ihrer Schicksalssituation, sondern ist eine ganz allgemeine Geistberührung für alle Menschen im nächtlichen Erleben. Dieser umfassendere Bereich ist der Bereich des Erzengels. Ein spezieller Erzengel ist gemeint, weil die Erde zu Weihnachten einen besonderen, eigentümlichen Charakter bekommt und die Menschheit dadurch auch eine besondere Aufgeschlossenheit für die Stimmungen erlebt, die für sie aus der geistigen Welt herankommen. Die Erde ist über das Jahr hin nicht immer die gleiche und die Menschheit auch nicht. Mit den Jahreszeiten hängen bestimmte Stimmungen zusammen, und da bietet Weihnachten für die Erde und für die Menschheit die Möglichkeit, dieses Erlebnis in besonderer Weise zu haben.

W.W.: Die dritte Begegnung, die mit dem Vatergott, geschieht einmal in unserem Leben, zwischen dem 28. und 42. Lebensjahr, vermittelt durch ein Wesen der Archai. Wie kann sich der Mensch dieser Begegnung bewußt werden, und was bewirkt sie in seinem Leben?

H.-W. Schroeder: Hier ist der genannte Hinweis Rudolf Steiners kostbar; er ermöglicht ja, in diesem Lebensalter offen und fragend für diesen Bereich zu sein. Im allgemeinen werden es mehr oder weniger intensive Todeserlebnisse sein, die da eine Rolle spielen, durch die man weiß: In dieser Zeit kommen solche Erlebnisse an den Menschen heran, manchmal früher, manchmal später. Durch verschiedene Schwierigkeiten, zum Beispiel Ohnmachtserlebnisse, wird man an Erfahrungen herangeführt, die man sonst im Leben nicht hätte. Wenn man diese Erlebnisse richtig durchmacht und versteht, hat man eine Art Grunderfahrung für die weiteren Erlebnisse, die dann im Schicksal kommen, vor allem für die Erlebnisse nach dem Tode. Das deutet Rudolf Steiner in dieser Textstelle auch an, daß sich die nachtodlichen Erlebnisse verändern, intensiver, konkreter, geistiger werden und dem Menschen eine stärkere Kraft zustrahlen, als dies möglich wäre, wenn dieses Erlebnis des Vaters nicht vorangegangen wäre.

Die Botschaft des Bildes

INTERVIEW MIT EUGEN DREWERMANN
von Wolfgang Weirauch

Dr. Eugen Drewermann, *geboren 1940 in Bergkamen, Studium der Philosophie in Münster, der Theologie in Paderborn und der Psychoanalyse in Göttingen. Priester und Privatdozent. Reiche Vortragstätigkeit und psychotherapeutische Einzelgespräche. Über vierzig Buchpublikationen.*

An der Auseinandersetzung um Eugen Drewermann, dem „Jesus von Paderborn", wie der *stern* ihn unlängst in einem Artikel betitelte (47/92), wird das ganze Dilemma und das Unzeitgemäße der katholischen Kirche sichtbar. Seien wir ehrlich, wer kann denn wirklich daran glauben, daß der Heilige Geist statt Josef Maria geschwängert hätte; wer wäre tatsächlich davon überzeugt, daß Christus 5.000 Menschen mit fünf Broten und zwei Fischen physisch ernährt hätte; wer hätte die Geschichte, daß Jesus und Petrus mit ihren physischen Leibern übers Wasser gewandert seien, nicht schon längst in das Reich der Phantasie verbannt? Ist nicht schon jeder einmal vor Zorn erbebt, bzw. hat sich nicht schon jeder mehr oder weniger von der katholischen Kirche abgewandt, weil sie sich für die *eine* Kirche hält, weil der Zölibat besteht, Zweitehen nach der Scheidung per Sakrament nicht möglich sind, Bischöfe objektive Wahrheiten garantieren könnten, und wer hat denn nicht lediglich nur noch müde gelächelt, als vor kurzem Galileo Galilei nach über dreihundert Jahren rehabilitiert wurde?

Eugen Drewermann greift die Machtstellung der katholischen Kirche an; das ist der eigentliche Punkt! Jede Kritik mag möglich sein, aber die Machtstellung der katholischen Kirche darf nicht bröckeln. Deswegen wurde ihm vom Erzbischof Degenhardt aus Paderborn im Oktober 1991 die kirchliche Lehrerlaubnis an der Paderborner Kirchlichen Hochschule entzogen, im Januar 1992 folgte der Entzug der Predigtbefugnis und die Amtsenthebung als Subsidiar in der Paderborner Pfarrei St. Georg.

Eugen Drewermanns Kritik richtete sich zuerst an die exegetischen Spezialfächer der theologischen Wissenschaft, wobei er die historisch-kritische Methode nicht generell kritisiert, sondern nur der Meinung ist, daß sie nicht die Fähigkeit habe, in die wirklichen Tiefen der Seele vorzudringen. Er setzt das Bild in seiner Bedeutung höher als das bloße Wort und bedient sich dabei mythischer Motive bzw. archetypischer Bilder aus den Tiefenschichten der Seele. Weil Eugen Drewermann der Meinung ist, daß man an den Kern der Wahrheit nur herankomme, wenn man nicht vom Wort ausgehe, sondern vom Bild, bedient er sich zum Beispiel auch der Märchen- und Mythenbilder sowie der Methode, die versucht, die Traumpsychologie zu verstehen: der Psychoanalyse.

Man mag zu Eugen Drewermanns Ansichten stehen, wie man will, daß er als moderner Ketzer nicht schweigt, ehrt ihn und offenbart wiederum einen der größten Mängel der katholischen Kirche heute: daß in ihr keine Lehrfreiheit herrscht. Mittlerweile steigt seine Popularität von Tag zu Tag, Tausende von Briefen erreichen ihn, seine Vorträge werden von Tausenden besucht, seine über vierzig Buchveröffentlichungen sind viel gelesene Publikationen, und sogar eine regelmäßige Fernsehreihe des Privatsenders RTL plus ist in Planung.

Wir besuchten Eugen Drewermann im verregneten Paderborn, um ihn nach seinen Ansichten über die folgenden Punkte zu befragen.

Wolfgang Weirauch: Wenn man sich täglich – sei es durch Zeitung, Radio- oder Fernsehnachrichten – dem Zeitgeschehen aussetzt und an ihm Anteil nimmt, so kann einen bei den ganzen Nationalitätenkonflikten und dem Haß der Menschen untereinander schon das Entsetzen packen. Man hält es oft gar nicht für möglich, zu welchen Grausamkeiten die Menschen untereinander fähig sind. Was im Menschen ist es, das ihn böse macht, bzw. ist es dem Menschen überhaupt möglich, nicht böse zu sein?

Eugen Drewermann: Sie sprechen gleichzeitig mehrere Ebenen an: Nach dem Wegfall des globalen Ost-West-Konflikts zeigt sich, daß unter der Diktatur bis heute eine Menge von nationalen und ethnischen Fragen ungelöst geblieben ist und ganze Teile von Europa in einen Zustand zurückfallen können, den wir ansonsten immer noch in weiten Teilen Afrikas beobachten. Das Problem ist, daß die meisten Menschen ihre moralischen Gesetze zunächst auf das Überleben und den Erhalt der eigenen Gruppe beziehen, mit anderen Worten: Wir sind immer noch in der Lage, denjenigen Menschen, die als Feinde unserer eigenen Gruppe auftreten, die schlimmsten Dinge anzutun. Definieren wir erst einmal andere als Gegner, fallen sie aus dem menschlichen Zusammenhang heraus, und wir bringen es dann fertig, im Namen von hohen Zielsetzungen der Moral und der Religion Dinge zu tun, die barbarisch und gräßlich sind. Da genügt es, Serbe oder Kroate zu sein, Katholik römischer oder orthodoxer Prägung oder Moslem, und schon wird man als Feind der jeweils anderen eigenen Gruppe angesehen. Sehr viele Menschen nehmen sich immer noch das Recht, bösartiger mit anderen Menschen zu verfahren, als Tiere es zu tun vermöchten.

Der Spiegel des Bewußtseins ist noch von Angst zerbrochen

Hinter all dem steckt etwas, womit ich mich in meinen Büchern immer wieder auseinandersetze: daß sich Menschen aus Angst um ihr eigenes Überleben im Gruppenverband nach Spielregeln der Gewalt und des Terrors zusammenschließen. Man beantwortet die Angst, die mir der andere bereitet, mit der Angst, die ich ihm selber mache. Nach diesem Konzept ist nach dem Zweiten Weltkrieg die ganze Phase des sogenannten Kalten Krieges definiert worden, von dem die Amerikaner gerade glauben, daß sie ihn gewonnen hätten. Aber in der Phase des Kalten Krieges sind in der Dritten Welt Jahr um Jahr mehr Menschen gestorben als während der sechs Jahre des Zweiten Weltkrieges, rund 50 Millionen Menschen. Auf solche Art zu „siegen", ist sehr fragwürdig. Deswegen scheint es mir, daß wir auf die Angst, die wir seit Urzeiten in uns tragen, mit intelligenten, d.h. kulturellen und religiösen Zielsetzungen antworten sollten, statt die uralten tierischen Programme des Überlebens in Gruppen immer noch zu befolgen, und zwar auf eine Weise, wie sie unter Tieren nie angewandt werden. Wir Menschen intensivieren unseren Verstand nämlich zur Lösung von Problemen, die wir uns überhaupt erst durch unseren Verstand geschaffen haben, und das verändert alles.

Ecce homo!
Honoré Daumier

Letztlich läuft alle Angst darauf hinaus, daß wir vom Tode bedroht sind. Jedes Tier erlebt das, aber nur wir Menschen wissen es. Darin sehe ich die eigentliche Aufgabe einer Erlösungsreligion wie des Christentums: den Menschen die Angst zu nehmen, die schließlich zu endlichen Wesen in einer endlichen Welt gehört. – Dies scheint mir die zentrale Voraussetzung dafür zu sein, Werke zu tun, die „gut" sind. Allerdings meine ich, daß wir die Frage, was im moralischen Sinne Gut und Böse ist, viel zu kurz stellen, denn im allgemeinen ideologisieren wir damit nur unsere eigenen kulturell bedingten Wertvorstellungen über Gut und Böse und verabsolutieren gewisse Anschauungen, die vielleicht in einer bestimmten Zeit dem Gruppenzusammenhang dienlich sein mögen, aber wir übersehen dabei rasch, daß die primären Fragen an die Menschen nicht sind, was sie tun sollen, sondern wer sie selber sind und wie sie mit sich selber im Einklang bleiben können.

W.W.: Wie müßte das Verhältnis zwischen Gott und einem Menschen sein, wenn sich der Mensch bemühen möchte, seine eigene Angst und seine grausamen Eigenschaften in sich zu bekämpfen?

E. Drewermann: Ich denke, daß die meisten Menschen in der Religion eine moralische Zuchtanstalt sehen, in welcher die bürgerlichen Werte durch die Vorstellung eines absoluten Schiedsrichters im Himmel bzw. einer absoluten Strafinstanz im Jenseits überhöht werden. Viel wichtiger, als das menschliche Leben nach Gut und Böse zu bemessen, ist es, Räume zu schaffen, in denen gefragt werden kann, was in den Menschen vor sich geht, welche Geschichte sie hinter sich haben, wo ihr eigener Standort ist. Es ist nicht möglich, irgend etwas richtig zu sehen, solange der Spiegel des Bewußtseins noch von Angst zerbrochen und von Projektionen aller Art verhangen ist. Aber das ist der Normalzustand der allermeisten Menschen. Solange diese Hindernisse nicht weggeräumt werden, kommt die Moral zu früh.

Ein Kind zum Beispiel, das heranwächst, muß als erstes erleben, daß es für die einfache Tatsache geliebt wird, daß es existiert. Kein Kind auf der ganzen Welt wird gänzlich angstfrei aufwachsen können, es wird immer Anflüge des Zweifels entwickeln, und in diese Störfelder des Vertrauens dringt bereits sehr früh das Suchen des Kindes ein, wie es sich verhalten muß, damit die Mutter es trotzdem lieb hat. In dieses Bemühen tritt später dann auch die Moral ein und sagt ihm: Wenn du diese und jene Gebote und Vorschriften getreulich einhältst, dann bist du richtig und akzeptabel, und wenn du es ganz besonders gut machst, verdienst du Lob und Anerkennung.

Hierbei wird die Angst vor der Nichtanerkennung zum Motiv, sich moralisch möglichst korrekt zu verhalten. Die psychologische Folge davon ist, daß ganze Teile der eigenen Psyche nicht mehr integriert werden; am Ende hat man ein äußerlich sehr angepaßtes Individuum, das aber inwen-

Christus und die Sünderin
Max Beckmann, 1917
St. Louis, City Art Museum. © VG Bild-Kunst, Bonn, 1992

dig einen langen Schatten wirft. Bei einem solchen Menschen kann man dann sehr bald mit Hilfe der Neurosepsychologie feststellen, was alles passiert, wenn das verdrängte Material sich trotzdem Zugang zur Wirklichkeit verschafft.

Daraus geht für mich hervor, daß die Bibel völlig recht hat, wenn sie den Menschen für zu gebrochen erklärt, als daß ihm mit guten Gesetzesvorschriften beizukommen wäre. Gleich nach dem Sündenfall redet Gott in der Bibel mit Kain, um auf ihn einzuwirken, nicht auf seinen Bruder eifersüchtig zu sein. Das ist das erste Mal in der Bibel, daß Gott moralisch redet (Gen 4,7), und die Folge ist der Brudermord. Alle Konflikte, die schon da sind, stauen sich da auf, statt gelöst zu werden. Hätte sich der Gott der Bibel an dieser Stelle dafür interessiert, was in Kain vorging, warum er sich so ungerecht behandelt fühlte, und ihm bedeutet, daß er ihn trotzdem lieb hat, auch ohne Opfer, dann hätte Gott sich vermutlich den ersten Mord der Menschheit ersparen können. Aber das ist eine andere Geschichte als die, in der wir leben. Das Dilemma ist, daß wir inmitten der Angst sogar von Gott nur noch moralisch reden hören.

Wer sich Gott überläßt, dem wird sich der Himmel öffnen

W.W.: Ich möchte nachfolgend einige markante Punkte des Lebens von Jesus Christus betrachten: Was bedeutet für Sie die Jordantaufe, und was besagen für Sie die Worte Gottes, daß Jesus sein geliebter Sohn sei?

E. Drewermann: Ich denke, daß die ganze Existenz Jesu darin besteht, die Menschen bei der Hand zu nehmen und sie zu jenem Ort zurückzuführen, an dem sie sich ohne Bedingungen und Voraussetzungen angenommen fühlen, und zwar im Wissen, daß zu viel zerbrochen worden ist, um mit gutem Willen und mit der Anstrengung der Vernunft das Leben wieder in Ordnung zu bringen. Die Taufe wurde von Johannes, dem Lehrmeister Jesu, gepredigt, um unter der Drohung des kommenden Flammengerichtes des Messias die Menschen zu einer letzten Chance der Umkehr zu führen. Ich stelle jetzt einmal dahin, inwieweit die Taufe Jesu durch Johannes im Jordan auf historische Traditionen zurückgeht oder nur ein gutes Sinnbild ist. Gemeint scheint mir in dieser ersten Szene des Markusevangeliums zu sein, daß Jesus die Erklärung von Schuld und Strafe so total auffaßt, daß er begreift, wie sehr er selber und auch alle anderen Menschen darauf angewiesen sind, sich Gott ohne jeden Vorbehalt zu überlassen. Später wird Jesus Geschichten erzählen, die genau dieses aussagen: von einem Knecht, der bei seinem König mit über 40.000 Talenten – einem gigantischen Schuldbetrag – in der Kreide steht. Menschen, die in einer solchen Lage sind, können im Grunde nur noch um Vergebung bitten. In einem solchen Falle ist nichts wiedergutzumachen. Es ist nur noch darauf zu hoffen, daß

Gott vergibt, weil die Menschen anders gar nicht leben können.

Ich denke, daß das Bild von der Taufe Jesu im Jordan diese Erfahrung widerspiegeln möchte. Wer sich Gott ganz überläßt, den wird es nicht verschlingen, sondern den wird es tragen, dem wird sich der Himmel öffnen, so daß ihm Versöhnung zugesprochen wird. So interpretiere ich das Wort: „Mein geliebter Sohn bist du". Religionsgeschichtlich ist das ein alter Königstitel. Der Pharao wurde von dem Gott Amun so angeredet, und entsprechend greift auch der 2. Psalm, Vers 7, diese Worte auf. Aber wenn man sich einmal vorstellt, daß ein Mensch in dem Moment „königlich" wird, in dem er sich auf Gedeih und Verderb Gott überläßt, dann ist das ein sehr wahres und schönes Bild.

W.W.: Dann würde dieser Satz „Du bist mein geliebter Sohn" für jeden Menschen gelten können, der sich in der gleichen Weise wie Jesus Gott gegenüberstellen würde!?

E. Drewermann: Ich glaube ganz sicher, daß Jesus nicht etwas für sich beanspruchen wollte, das er nicht für uns alle ermöglicht hätte.

W.W.: Und wie stehen Sie dazu, daß mit der Taufe eines der drei trinitarischen Wesen, der Sohn, der Christus, in den Menschen Jesus eingezogen ist?

E. Drewermann: So hatte Jesus selber ja nicht gedacht, denn er hatte keine Dogmatik vor Augen, in der es eine Lehre von der Trinität gibt, und ich nehme an, daß er sich sehr gewundert hätte, wenn man ihm diese Anschauung aus dem vierten nachchristlichen Jahrhundert als Glaubenssatz präsentiert hätte. Er hätte noch heute wie die Juden gesagt, daß dies nicht jüdisch sei, sondern aus dem Heidentum stamme, was religionsgeschichtlich wohl auch wahr ist. Aber wenn man sagen würde, daß Jesus den Menschen ein grundlegendes Vertrauensverhältnis zu der Macht ermöglichen wollte, die er seinen und unseren Vater nannte, dann ist wohl deutlich, daß Jesus niemals etwas für sich reklamieren mochte, ohne es uns mitzuteilen. Wenn Jesus selber im ersten Kapitel des Markusevangeliums angesprochen wird: „Mein geliebter Sohn bist Du", dann ist das für mich wesentlich eine Formel der Versöhnung des Menschen mit Gott.

Im 13. Kapitel des Matthäusevangeliums wird eine Szene beschworen, in der Jesus buchstäblich übers Wasser geht. Indem er dies tut, ermöglicht er auch dem Petrus, ein Gleiches zu tun, und beide gehen aufeinander zu, vergessen die Angst und gehen über den Abgrund. So etwas sehe ich in dem Bild der Taufe Jesu und in dem Wort „Du bist mein geliebter Sohn". Das ist für mich das Gegenstück zu jenem Wort der Anklage: „Verflucht bist Du", das Gott über Kain gesprochen hat (Gen 4). Der Ort, an dem die Angst der Nichtakzeptiertheit sich beruhigt, das ist für mich Jesus.

W.W.: Wenn wir das Markusevangelium zugrunde legen, tritt Christus zum ersten Mal bei der Heilung des Besessenen in Kapernaum auf. Ist dies eine richtige Dämonenaustreibung?

Jesus muß die Welt Zug um Zug vom Bösen befreien

E. Drewermann: Wer sagt, das sei eine „richtige" Dämonenaustreibung, meint damit vermutlich, daß man den Glauben an bestimmte böse Geister real setzen müsse. Das allerdings glaube ich nie und nimmer. Was die Bibel unter „Dämonen" versteht, sind im heutigen Sprachgebrauch abgedrängte Teile der menschlichen Psyche, komplexe verinnerlichte Gestalten aus der frühen Kindheit, personifizierte projektive Anteile des Unbewußten. Unter Besessenheit in der Bibel wird man heute in aller Regel neurotische und psychotische Bewußtseinszustände verstehen, die es natürlich leider allzu-oft gab und gibt.

Wenn Jesus in diesem Sinne später im sechsten Kapitel des Markusevan-geliums sagen wird: „Geht in die Dörfer Galiläas und treibt die Dämonen aus", will er damit offenbar zeigen, daß man von Gott niemals anders sprechen kann, als indem man den Menschen sich selber zurückgibt, und zwar gegen alle Zwänge von außen sowie gegen alle Formen der Entfrem-dung im Inneren. Der tiefste Verdacht, der sich seit Feuerbach, Nietzsche und Freud bis heute psychologisch an die kirchliche Orthodoxie richtet, trifft ja etwas Zentrales, nämlich daß die Religion als ein Entfremdungsmittel verwaltet wird. Erstaunlich ist dabei, daß es Jesus in der Szene, die Sie ansprechen, in der Synagoge, einem Ort Gottes, nötig findet, einen Men-schen aus seiner Entfremdung zu befreien. Mir scheint dies deutlich zu machen, daß er noch einmal die etablierte Form von Religion und Fröm-migkeit überprüfen will, und zwar auf die Frage hin, inwieweit sie den Menschen guttut bzw. ihnen Schaden bringt.

Das Erstaunliche, was bereits zwei Kapitel weiter im Neuen Testament auftritt, ist, daß man Jesus vorhält, er wirke seine Wunder nur mit der Kraft des Obersten der Satane selber, des Baal-Sebul. Da wird es alternativisch, ob man Menschen im Vertrauen auf Gott heilt, wie Jesus das tut, oder ob man Gott im Sinne der Schriftgelehrten als eine vorwiegend autoritäre Strafinstanz versteht; eines von beiden ist nur möglich. Insofern muß man die Religion der Schriftgelehrten selber für eine Mitverursacherin vieler Formen von Entfremdung, sprich Dämonie, halten. Das ist eine Frage, die bis heute weiter existiert. In dem Sinne meine ich, daß man wirklich „Dämonen austreiben" sollte.

W.W.: Der Dämon spricht aber doch Jesus ganz deutlich an: „Was ist zwischen dir und mir. Du bist der Heilige Gottes." Ähnliches wird bei dem Besessenen von Gerasa gesprochen. Kann man daraufhin nicht schließen, daß dies wirkliche geistige Wesen sind, die in Jesus den Gottessohn – auch wenn Sie das so nicht sehen – erkennen, weil es beides geistige Wesen sind?

E. Drewermann: Nein, aus all dem muß man sehen, was die Redakti-onsgeschichte der Evangelien heute zeigt: daß es Markus darauf ankommt, die ganze Welt als in den Schatten des Bösen gehüllt vorzustellen. Die theologische Konzeption des Markusevangeliums, des frühesten der Evangelien, ist es in der Tat, Jesus wie von außen her in ein besetztes Land eindringen zu lassen. Das gesamte Leben, die ganze Geschichte ist nach Markus in die Herrschaft des Bösen geraten und muß von Jesus Zug um Zug wieder für Gott zurückerobert werden. Da findet ein mythischer Kampf zwischen Gott und Teufel um die Seele des Menschen statt; man muß das natürlich heute symbolisch, nicht metaphysisch verstehen.

W.W.: Eigentlich sind die Dämonen ja die einzigen Wesen, die Christus wirklich erkennen!

E. Drewermann: Richtig, sie erkennen die Gefahr, die auf sie zukommt. Im Markusevangelium lesen wir erst im 15. Kapitel, also weitgehend am Ende, daß sich erst der römische Hauptmann unter dem Kreuz beim Sterben Jesu dazu bekennt, daß hier ein Gottessohn getötet wurde. Bis dahin wissen das eigentlich nur die Dämonen. Ich denke in der Tat, daß

Kreuzabnahme
Max Beckmann, 1918
© VG Bild-Kunst, Bonn, 1992

man diese archaischen, aus der Apokalyptik stammenden Vorstellungen heute dringend übersetzen muß, denn man kann sie so nicht wörtlich nehmen. Dann aber muß man sagen, daß es hier um eine Alternative geht, die das Markusevangelium immer wieder Jesus selbst formulieren läßt: die Entscheidung zwischen Vertrauen und Angst. Ein Mensch, dessen ganzes Leben durchgängig von der Angst geprägt ist, wird niemals zu sich selber finden. So könnte ich diese Alternative zwischen Gott und der Dämonie heute psychologisch übersetzen.

Andere Momente gibt es auch bei Lukas und Matthäus, jeweils im vierten Kapitel, in denen in der sogenannten Versuchungsgeschichte der Teufel die Macht zu haben scheint, Jesus die gesamte Welt zu Füßen zu legen um den Preis, daß er niederfällt und den Satan anbetet. Da soll die gesamte Herrschaft über die Welt in den Händen des Bösen liegen. Auch das scheint mir notwendig, übersetzt werden zu sollen. Es scheint wiederum alternativisch zu sein, ob man Menschen durch Herrschaftsausübung von außen „erlösen" will oder ob man bei den Ansatzpunkten von Hoffnung und Vertrauen beginnt, die im Menschen liegen und sich im Vertrauen auf Gott regenerieren möchten. Eines von beiden kann man nur: Macht oder Vertrauen; das eine zerstört, das andere baut auf.

W.W.: Warum können eigentlich die Schriftgelehrten keine Dämonen austreiben?

E. Drewermann: Weil sie selber in diesem Sinne die Ursache der Dämonen sind. Sie verwalten eine Religion der Angst und des Zwangs.

Die Theologie hat sich hinderlich zwischen den Menschen und seinem Suchen nach Gott geschoben

W.W.: Sehen Sie Parallelen zwischen den Schriftgelehrten, die eigentlich den Schlüssel zum Himmel in der Hand halten, aber sich selbst und anderen gerade den Zugang dazu versperren, und vielen Ihrer ehemaligen Kollegen bzw. dem katholischen Lehrbetrieb?

E. Drewermann: Ich denke, daß es ein ganz schweres Übel in der Kirche ist, daß wir in der kirchlichen Frömmigkeit den Glauben als eine Haltung des Vertrauens zu Gott, wie Jesus es gelebt hat, in eine dogmatische Form von Wahrheitsbesitz umgewandelt haben, die durch ein kirchliches Lehramt garantiert wird, dem wiederum die bezahlten Theologen dienstbar sind. Diese Konstruktion entfernt sich diametral von dem, was Jesus gemeint hat, und ist damit nicht zu vereinbaren. Wie sehr dies zutrifft, zeigt sich im Markusevangelium 23,7–9, wo Jesus ausdrücklich erklärt: „Keiner von Euch lasse sich Lehrer nennen, Rabbi", was dem „Theologiedozenten" von heute entsprechen würde. Was Jesus offenbar wollte, war, daß die Menschen Gott unmittelbar gegenüber stehen, und zwar so, wie dies in

Jeremia 31 als eine große Vision eines Neubeginns beschrieben wird: Es sollte das Wort Gottes nicht mehr auf Tafeln von Stein geschrieben werden, sondern in das Herz des Menschen. Aus dem Munde der Magd oder des Kindes sollte Gott unmittelbar reden, ohne daß der eine den anderen noch belehren müsse.

Was wir dagegen heute haben, ist die Entmündigung von 99 % der Gläubigen, den sogenannten Laien, die einem ganz kleinen Kreis von Gebildeten zuhören müssen, deren Ausbildung allein schon im Verlauf von sechs Jahren über eine Million DM Kirchensteuer kostet und die am Ende lauter Dinge reden, eingesperrt in akademische Wände, die die Menschen nicht mehr verstehen. Wir haben heute nicht nur eine Theologie, die sich hinderlich zwischen die Menschen und ihrem Suchen nach Gott geschoben hat, sondern wir haben eine Theologie, die mit den Fragen der Seelsorge so gut wie überhaupt nicht mehr rückgekoppelt werden *darf*. Insofern glaube ich, daß sich die Zeiten nicht bloß nicht geändert, sondern sogar verschlechtert haben. Wir sind 2.000 Jahre nach der Botschaft Jesu der Berg-

Christus lehrend, genannt „La petite Tombe"
Rembrandt, um 1652

predigt nicht nähergerückt, sondern ihr ganz dramatisch in allen Punkten ferngerückt, natürlich immer, indem wir uns auf Jesus berufen, in Wahrheit aber alles besser wissen. Die Menschen aber, die das alles rechtfertigen und dies als den Willen Gottes ausgeben, nennt man heute Theologen!

W.W.: Sie haben es ja sehr schmerzhaft erlebt, wenn man anders als die Masse dieser Theologen spricht.

E. Drewermann: Richtig, daß aus dem Glauben an Gott das gehorsame Nachsprechen bestimmter Sprachspiele der Kirche gemacht wird, die in Pflicht gegeben werden von einem unfehlbar sich gerierenden Lehramt, das ist ohne Zweifel die Travestie des Christus. Jesus hat dies nie gewollt, er hat nie dogmatisch geredet, er hat sich niemals hingestellt und gesagt: „Wenn du nicht glaubst, daß ich die zweite Person der dreifaltigen Gottheit bin, in zwei Naturen einer Person und eines Wesens mit dem Vater, dann stoße ich dich aus der Gemeinschaft der Gläubigen aus." Dies alles wäre Jesus doch monströs gewesen. Alles, was er getan hat, war, die Leute einzuladen, die nicht einmal lesen und schreiben konnten; für das einfache Volk vom Land hat er sich engagiert, allein schon deswegen, weil die Schriftgelehrten dieses einfache Volk vom Tempel weggepredigt haben. Diese Menschen hatten niemals eine Chance, mit Gott und sich selbst klarzukommen. Deswegen hat Jesus zu den Menschen gesprochen, daß man nichts von Gott verstanden habe, wenn es nicht gelte, daß Gott denjenigen vergebe, die die Vergebung brauchen. Man könne nicht sagen – so hat Jesus gesprochen! –, daß Gott Himmel und Erde erschaffen habe, daß er die Sonne zwischen Ost und West auf- und untergehen lasse, ohne daß alle Menschen seine Kinder seien. So einfach war die Botschaft Jesu! Er wollte aber nicht schon wieder die Menschen in Rechtgläubige und in Ungläubige einteilen, mit dogmatischem Anspruch. Nirgendwo im Alten und im Neuen Testament gibt es diese Art zu denken; allenfalls daß man gewisse Formulierungen des Heiligen Paulus als den Anfang dieser Dogmenbildung interpretieren mag.

Wer so denkt, muß von allen guten Geistern verlassen sein

W.W.: Nicht nur im Neuen Testament kommt das Wunder der Brotvermehrung vor, auch schon bei Elias und in verschiedenen Märchen. Wie erklären Sie, daß Christus mit fünf Broten und zwei Fischen eine Gruppe von 5.000 Menschen ernährt? Eine rein äußerliche Speisung kann dies ja wohl nicht gewesen sein.

E. Drewermann: Daß dies doch so gewesen sein kann, versichert mir zuversichtlich mein Erzbischof, Johannes Joachim Degenhardt, indem er annimmt, daß, wenn Jesus Gottes Sohn war, er in seiner Allmacht alles tun könne, was er wolle, wann er wolle und wie er wolle. Also konnte er auch aus fünf Broten und zwei Fischen beliebig viele Materieeinheiten bilden, und zwar so viele, wie nötig waren, um 5.000 Männer samt ihren Frauen und Kindern zu ernähren. Das ist für ihn kein Problem. Ich denke allerdings, daß man, um so zu denken, von allen guten Geistern verlassen sein muß, unter anderem auch von denen heutiger Schriftauslegung.

Die meisten Exegeten sind sich heute einig, daß die beiden Perikopen in Markus 6 und 8 auf dem Hintergrund alttestamentlicher Speisewunder zu sehen sind, vor allem des Elias und des Elischa, und daß sie Jesus als zweiten Moses, als zweiten Elias schildern möchten. Wenn man freilich bei solchen Erklärungen stehenbleibt, hat man nichts in der Hand, von dem man essen und satt werden könnte. Man hat lediglich eine Legende zur Überbietung alttestamentlicher Wundererzählungen, sozusagen einen neutestamentlichen Midrasch vor sich. Das ist exegetisch dann gewiß recht schön und gut, aber keine Antwort auf die Fragen, die die Menschen haben. Deshalb glaube ich, daß man vor allem die Szene in Markus 6 von der wunderbaren Brotvermehrung möglichst wörtlich lesen sollte; denn Jesus fordert dort die Jünger auf, die Menschen in ihrer Not nicht wegzuschicken, sondern sie zu sättigen. Die Jünger fragen, wie dies denn möglich sei. Aber Jesus gibt ihnen die Frage zurück, indem er die Jünger seinerseits fragt, was sie an Nahrung bei sich hätten, und sie antworten: „Nichts, nur ein Kind ist hier, das hat einige Nahrungsmittel." Und Jesus antwortet: „Holt dieses Kind." Dann segnet er die Brote und teilt sie aus.

Der Wahn der Überschußhumanität

Ich glaube, daß das ganze Wunder in dieser Szene darin liegt, daß Jesus die Jünger nötigt, sich wiederum zwischen Angst und Vertrauen zu entscheiden. Sie können als erwachsene, als vernünftig kalkulierende Menschen schauen, was sie selber in den Händen haben, um den dringlichen Bedürfnissen der Menschen hilfreich gegenüberzutreten. Auf diese Weise aber werden sie immer wieder entdecken, daß alles, was sie besitzen, nicht genügend ist. Bis heute höre ich in Staat und Kirche immer wieder all die Redensarten, daß wir nicht reich genug seien, um ausreichend hilfreich sein zu können, daß unser Bruttosozialprodukt nicht hoch genug sei, als daß wir aus unserem Überschuß heraus die Not der Dritten Welt wirklich steuern könnten – für das nächste Jahr verkünden uns die sogenannten fünf Weisen sogar ein Nullwachstum, und es wird in den darauffolgenden Jahren noch sehr viel weniger an Überschuß erwirtschaftet werden! Und weil wir angeblich noch nicht reich genug sind, müssen wir eben noch mehr produzieren, um dann letztendlich vielleicht doch den Armen der Welt noch etwas abgeben zu können. Auch unsere Kirchen glauben an diesen Wahn der Überschußhumanität. Aber so werden wir nie an das herankommen, was das wahre Wunder Jesu in der Bibel ist, nämlich einfach zu sagen: „Holt ein Kind; hört auf zu rechnen, folgt einfach dem, was ihr spürt, denn Menschen, die hungern, brauchen etwas zu essen. So einfach ist das. Wenn ihr das geben würdet, was ihr habt, so wird es für alle langen. Es kommt körbeweise zurück. Ihr dürft nur nicht dauernd auf das schauen, was ihr habt, um erst dann geben zu können." Das ist nämlich die falsche Reihenfolge. Und das wahre Wunder liegt darin, daß Jesus aus rechnenden Erwachsenen Kinder macht, die sich unmittelbar getrauen, gut zu sein. Das ist in meinen Augen das wahre Wunder der Brotvermehrung.

Vor einer Weile traf ich Karl-Heinz Böhm, der mir erzählte, daß er 1968 aus der Kirche ausgetreten sei. Jesus, meinte er, sei für ihn der größte Revolutionär aller Zeiten gewesen, aber die Kirche tue alles, um zu verhindern, daß wahr werden könnte, was er gesagt hat. Man sieht weltweit Menschen hungern, und daraus entsteht sofort die Frage, wie man darauf antwortet. Im Grunde kommt nur eine direkte Aktion in Frage. Natürlich kann man einwenden, daß das Hungerproblem der Sahelzone nicht durch Mitleid und Engagement aller gelöst wird, aber immerhin können auf diese Weise einige Menschen weiterleben, die ansonsten sterben würden. Und vor allem: Würden alle so handeln, dann hätten wir auf der Welt keinen Hunger und hätten eine völlig andere Erde. Daß Jesus solche Wunder getan hat, die den Menschen verändern können, erwarte ich bis heute, nur sollte man die Wahrheit dieser Geschichten nicht in der Zeit vor 2.000 Jahren suchen, sondern man muß sich fragen, wie wir das Leben heute nachmittag für morgen früh gestalten.

Die Befriedigung des seelischen Durstes

W.W.: In bezug auf die Lösung dieser Probleme stimme ich Ihnen ohne Zweifel zu, trotzdem ergibt sich für mich die Frage, ob man an die Evangelienstelle der Speisung der 5.000 nicht auch noch anders herantreten kann. Wenn man die entsprechende Stelle im sechsten Kapitel des Johannesevangeliums aufsucht, so steht dort nicht, daß sie das Brot physisch essen. Ich halte es auch für äußerst fragwürdig, so wie Herr Degenhardt und andere es glauben mögen, daß Jesus es durch ein Wunder erreicht hätte, daß alle Menschen ausreichend physisch genährt worden wären. Deutet nicht die Tatsache, daß Christus anschließend sagt: „Ich bin das Brot des Lebens", darauf hin, daß es sich um einen inneren Ernährungsvorgang durch den Christus, ähnlich wie bei der Transsubstantiation, handelt?

E. Drewermann: Das ist gut johanneisch gedacht. Für Johannes stellt sich aber auch die Frage anders, denn ihm geht es nicht mehr um den äußeren physischen Hunger, sondern um den seelischen, und da wird das Wunder der Brotvermehrung zu einem Bild, wie das Wort Gottes zu den

Menschen kommen kann. Diese Szene geht parallel einher mit der aus Johannes 4, in der die Ehebrecherin zum Brunnen kommt, um Wasser zu holen. Indem Jesus mit ihr spricht, erklärt er ihr, daß sie eigentlich auf der Suche nach einem Wasser sei, das ins ewige Leben hinüberfließt. Am Ende des Gespräches aber wird die Frau den Krug am Brunnen stehenlassen. Sie vergißt die äußere Ebene der Realität, findet dafür aber in der Tiefe ihrer Seele in der Person Jesu eine Befriedigung ihres seelischen Durstes bzw. Hungers. Das sind Gedanken des Johannesevangeliums, die in ihrer Symbolik fast buddhistisch sind. Der Buddhismus ist eine Religion, die das Grundübel der Menschen im Durst, im Hunger, in der Begierde ansiedelt.

Und ich, Johannes, bin es, der solches geschaut und gehört hat
Odilon Redon
(Nr. 12 aus: „Apokalypse des heiligen Johannes")

Die Realpräsenz Christi in Brot und Wein

W.W.: Was geschieht im Kultus während der Transsubstantiation, wenn es heißt, daß sich Brot und Wein in Leib und Blut Christi verwandelten? Eine äußere Verwandlung kann es ja wohl wiederum kaum sein; ist dies für Sie nur ein Symbol, oder halten Sie es auch für möglich, daß sich eine geistige Kraft des Christus mit den physischen Substanzen verbindet?

E. Drewermann: Zunächst einmal denke ich, daß es ungeheuerlich ist, wie eine Einladung Jesu an die Sünder und Huren, sich gemeinsam an den einen Tisch Gottes zu setzen, in der heutigen Christenheit aufgegriffen wird, um entlang dieser Frage, was ein katholischer Priester kann bzw. was ein protestantischer nicht kann, die Konfessionen und die Menschen zu zerreißen. Mir scheint der Grund dieses Übels darin zu liegen, daß wir in allen Konfessionen nicht mehr wissen, was eine kultische Realität ist. Wenn es darum geht, daß bestimmte Gegenstände eine neue Realität annehmen,

Christus und die Samariterin
Jacek Malczewski, 1910

kann man das religionspsychologisch und religionsgeschichtlich auf dem Hintergrund kultischer Transformationen gut verstehen. Es herrschen da bestimmte Spielregeln, die festlegen, was die Dinge während der Aufführung der kultischen Szene selbst bedeuten. Der Streit, vor allem zwischen reformatorischen und katholischen Theologen seit dem 16. Jahrhundert bzw. seit Wiclif und Hus im 15. Jahrhundert, dreht sich im wesentlichen um die Frage, welche Realität der Bedeutung von etwas innerhalb einer kultischen Szene zukommt.

Der katholische Standpunkt lautet, daß etwas nur dann real sein kann, wenn es objektiv definiert wird; die Meinung der reformatorischen Theologie ist es, daß etwas im Glauben als Bedeutung selber gesetzt wird. Das eine wird als objektivistisch, das andere als subjektivistisch angesehen, aber beide Seiten wissen nicht, daß sie nur insofern recht haben, als daß sie zusammengehören.

Wenn die Maus den Leib des Herrn fräße

Innerhalb eines Ritus ist es unmöglich, sich zu fragen, ob etwas subjektiv oder objektiv ist, denn der Agent, derjenige, der am Ritus teilnimmt, wird in ein Spiel einbezogen, das zwischen Subjektivität und Objektivität verschmelzen möchte und jedenfalls keine Unterscheidung mehr erlaubt. Sogar nach dem Vollzug des Kultus können die verwandten Gegenstände immer noch mit einem gewissen Tabu belegt sein und müssen erst wieder durch besondere Riten in den Status der Profanität zurückversetzt werden, den sie vorher hatten. Während der Aufführung des Kultus sind sie für denjenigen, der glaubt, untrennbar zwischen Sein und Sinn das, was sie bedeuten. Die Realpräsenz Christi in den Zeichen von Brot und Wein ist mit anderen Worten an den Glauben gebunden, wie die Reformatoren richtig lehrten. Umgekehrt hat der Katholizismus darauf geantwortet, indem er die Objektivität der Realpräsenz Christi so formulierte, daß bereits Innozenz III. um 1200 aussagte, daß eine Maus, die in einen Altarraum eindringe, den Leib des Herrn fressen würde, wenn sie denn an die Hostie herankommen sollte. Da wird ungeniert etwas, das für Gläubige einen Sinn macht, zum Aberglauben veräußerlicht.

Ich möchte Ihnen ein einfaches Beispiel geben, um zu zeigen, was eine spirituelle oder rituelle Realität ist: Wenn Sie ein Kind beim Spiel beobachten, wie es ein Stück Holz nimmt, dann kann aufgrund der Phantasie des Kindes aus diesem Stück Holz alles werden, was das Kind sich darunter vorzustellen vermag. Das Stück Holz kann zu einem Zug werden, der schnaubend über die Schienen fährt, es kann zu einem Pferdchen werden, das vor einem Wagen dahinhoppelt, es kann ein Turm sein, auf dem jemand steht und weit in das Land späht, oder es kann ein Püppchen sein, das gerade angezogen und gestreichelt wird. Je nachdem, was sich das

Kind unter diesem Stückchen Holz vorstellt, richtet man etwas sehr Unterschiedliches an, wenn man es ihm wegnimmt. Für das Kind im Spiel gibt es keine Trennung zwischen dem Holz und der Bedeutung, die dieses für das Kind einnimmt. Es verlebendigt durch seine Phantasietätigkeit und die Spielregeln, die es selber festlegt, den Gegenstand. Das ist gewiß ein subjektiver Vorgang, der aber von dem Kind so wirklich genommen wird, daß man nur außerhalb dieses Spiels sagen kann, dabei seien Projektion und Phantasie am Werke.

Bei den Sakramenten kommt nun freilich hinzu, daß die Spielregeln nicht subjektiv erfunden werden, sondern archetypischen Szenen folgen, die dem subjektiven Bewußtsein vorausliegen. Was man religionspsychologisch anerkennen sollte, ist die Tatsache eines objektiven Geschehens in der menschlichen subjektiven Psyche. Das ist in meinen Augen der eigentliche Punkt, der in fast allen Diskussionen ausgeblendet wird. Wir halten zumeist nur das für objektiv, was sich in Raum und Zeit vergegenständlichen läßt, und sind nicht darauf vorbereitet, daß sich die subjektiven Prozesse unserer Psyche erst durch objektive Strukturen ermöglichen lassen, die in der Psyche, im erkennenden Subjekt selber, angelegt sind. Das, was wir Kultus nennen, richtet sich nach Vorgaben, nach bestimmten Strukturen, die psychisch objektiv existieren und nicht beliebig wählbar sind. Aber die Spiele, die wir dann veranstalten, haben eine gewisse Analogie mit der Bedeutungsverleihung nach bestimmten Regeln.

Jesus hat die Todesangst überwunden

W.W.: Am Ostersonntagmorgen sind Maria Magdalena und Maria, Jakobus Mutter, die ersten, die das leere Grab sehen. Am Grab sitzt ein Jüngling, der ihnen mitteilt, daß Christus auferstanden ist. Wenig später erkennt Maria Magdalena den Auferstandenen, als sie sich umdreht, und im weiteren erscheint der Auferstandene bei den Wanderern nach Emmaus, bei den Jüngern selbst, acht Tage später bei Thomas usw. Was bedeutet für Sie die Auferstehung? Ist dies nur eine nette Geschichte, ein Symbol oder ist Christus wirklich auferstanden?

E. Drewermann: Bereits in den Tagen Lessings hat der Philosoph Hermann Samuel Reimarus darauf hingewiesen, daß die sogenannten Ostererzählungen einander so sehr widersprechen, daß eine historische Rekonstruktion der Ereignisse gar nicht möglich ist. Die heutige Exegese neigt zu der Auffassung, daß der früheste Osterbericht nicht die Erzählung von der Auffindung des leeren Grabes ist, sondern die Geschichte in Lukas 24 von dem Gang der Jünger nach Emmaus. Man geht also davon aus, daß die Erscheinungsberichte früher sind als der von der Auffindung des leeren Grabes in Markus 16. Wenn das so ist – und dafür spricht sehr vieles –, müßten wir annehmen, daß die Erzählungen vom leeren Grab den Glauben an die Auferstehung Jesu nicht begründen konnten, sondern nur interpretieren wollten. Wir haben es also auch gerade hier mit Bildern für die Überzeugung zu tun, daß, wenn überhaupt irgend etwas lebendig ist, dies der Mann aus Nazareth ist, und wenn irgend etwas auf dieser Welt tot ist, dies diejenigen Leute sind, die überhaupt nichts anderes konnten, als ihn totzumachen. Wer dies begriffen hat, versteht den Sinn von Texten wie dem aus Markus 16, wo die Engel am Grabe den Frauen sagen: „Geht hinüber nach Galiläa, dort wird er euch begegnen."

Ich verstehe das so, daß es gilt, sich gegen allen Widerspruch der Welt zu den Worten zurückzuwenden, die Jesus am See Genezareth gesagt hat, Worte von unendlicher Güte, Menschlichkeit und hoffender Überzeugung in Gott. Je mehr man sich darauf konzentriert und zu der Botschaft Jesu zurückgeht, desto mehr kommt er den Suchenden selber auf dem Weg entgegen. Man wird erleben, daß Jesus lebt, wenn man auf ihn zugeht. Um es genauer zu sagen: Mir scheint ganz entscheidend, daß Jesus an die Auferstehung von den Toten geglaubt hat, und zwar so sehr, daß er aufhörte, den Tod als letzte Wirklichkeit unseres Daseins zu fürchten.

Christus erscheint den Aposteln
Rembrandt, 1656

In der christlichen Überzeugung scheint es immer noch so zu sein, als hätte Jesus den Glauben an die Auferstehung selber in die Welt gebracht, aber davon kann keine Rede sein; Jesus ist als Kind am Rande der Pharisäerbewegung selbst vermutlich in dieser Überzeugung groß geworden. Entscheidend ist, daß er im Vertrauen auf diese Hoffnungen Sätze sagen konnte wie: „Fürchtet doch nicht die Menschen, die nur euren Leib töten können, nehmt einzig Gott ernst. Bei ihm entscheidet sich alles." Wenn das so ist, so müßte man gerade die Überwindung der Todesangst für die entscheidende Tat des Jesus von Nazareth halten. Er hat so sehr an ein ewiges Leben geglaubt, daß ihm die dauernde Angst vor dem Tod die Wahrheit nicht mehr aus dem Herzen nehmen konnte. Das sehe ich tagein tagaus an sehr vielen Menschen: Wir können sehr gut unterscheiden, was richtig ist, tun dies aber nicht aus Angst vor anderen Menschen. Diese hat Jesus überwunden, und wenn das so ist, brauchen wir den Tod nicht mehr zu fürchten. Dann ist er der erste wirklich Lebende, der „Erste" unter den Auferstandenen, und sitzt nun zur Rechten Gottes, wo er, entsprechend der Formel des Glaubensbekenntnisses, Gericht halten wird. Da wird sein Leben zu dem Maßstab, ob menschliches Leben gelingt oder nicht. Aber man muß diese mythischen Bilder übersetzen, man darf sie nicht auf falsche fremde Weise metaphysizieren.

Wiedererscheinungserlebnisse sind Teile der Psyche, die Gestalt annehmen

W.W.: Ich weiß nicht, inwieweit Sie von Menschen gehört haben, die in der heutigen Zeit eine Christuserscheinung gehabt haben. Man kennt viele solcher Berichte, während des Krieges, aus dem KZ oder auch von Menschen, die in einer anderen leidbelasteten Situation waren. Dazu ist ja auch vor einigen Jahren das schwedische Buch „Sie erlebten Christus" erschienen. Haben diese Erlebnisse für Sie Realität, insofern als daß vor diesen Menschen wirklich eine Christusgestalt steht oder sind dies Irrtümer?

E. Drewermann: Jesus hat in seiner Menschlichkeit vielem Ausdruck und Gestalt verliehen, was in jedem Menschen lebt, und dieses kann unter Umständen in einer sehr gespannten psychischen Situation wie verselbständigt an das Bewußtsein herantreten, so daß es für Menschen, die im Christentum großgeworden sind, naheliegt, darin eine Christusgestalt zu sehen. Religionspsychologisch muß man aber zunächst das Erscheinungserlebnis von der Interpretation derartiger Erfahrungen trennen, denn keine Christusgestalt, kein Erzengel, keine Mutter Gottes können dem Menschen als solche erscheinen; erscheinen kann dem Menschen lediglich das, was in ihm selber liegt. Dies kann von außen durch extreme Prozesse von Angst oder Entbehrung angeregt werden, auch etwa durch Erlebnisse im KZ oder durch andere psychische Ausnahmesituationen, so daß zum Trost bzw. bis an den Rand des Wahnsinns ein Teil der Psyche in der Weise Gestalt annehmen kann, daß er wie von außen her sich dem Bewußtsein des Menschen mitteilt.

Alles weitere hängt dann von der jeweiligen Kultur ab, wie man ein solches Geschehen deutet. In Gegenden wie Schweden, wo eine Marien-verehrung, wie sie im Mittelmeerraum zu Hause ist, dogmatisch ausgeschal-tet wird, wird man jemandem, der sagt, daß ihm die Mutter Gottes erschie-nen sei, wahrscheinlich rasch die Psychiatrie verordnen, während die ar-chetypische Erscheinung der Madonna im katholischen Raum als ein religi-öses objektives Erlebnis interpretiert wird. Natürlich muß man aber sehen, daß vergleichbare Phänomene auch in anderen Religionen existieren, und dort nur in andere Bedeutungszusammenhänge gebracht werden.

In jedem Falle kann man in solchen Erscheinungen keine unmittelbaren Gottesoffenbarungen sehen; die erste Frage gilt immer der Psychodynamik, durch die solche Phänomene hervorgebracht werden. Wir können heute endgültig keine Religion mehr pflegen ohne eine psychoanalytisch vertiefte Reflexion über die Erkenntnisbedingungen im Raum des Religiösen, ande-renfalls geraten wir in den Bereich des Aberglaubens und nennen dann sehr bald alles vom Heiligen Geist kommend, was der Kirche gut gefällt, und alles vom Teufel kommend, was ihr nicht gefällt.

„Denn es werden viele kommen unter meinem Namen ..."

FALSCHE CHRISTUSERSCHEINUNGEN IM 20. JAHRHUNDERT
Arfst Wagner

Im Matthäusevangelium, Kapitel 24, finden wir die folgenden Worte: „... und welches wird das Zeichen sein Deines Kommens und des Endes der Welt? Jesus aber antwortete und sprach zu ihnen: Sehet zu, daß euch nicht jemand verführe. Denn es werden viele kommen unter meinem Namen und sagen: Ich bin der Christus, und werden viele verführen. Ihr werdet hören von Kriegen und Kriegsgeschrei ... Denn es wird sich empören ein Volk wider das andere und ein Königreich wider das andere. (...) Das alles aber ist der Anfang der Wehen. (...) Dann werden viele der Anfechtung erliegen und werden sich untereinander verraten und werden sich untereinander hassen. Und es werden sich viele falsche Propheten erheben und werden viele verführen. (...) Wenn alsdann jemand zu euch sagen wird: Siehe, hier ist der Christus! oder da! so sollt ihr's nicht glauben. Denn mancher falsche Christus und falsche Propheten werden aufstehen und große Zeichen und Wunder tun, so daß, wenn es möglich wäre, auch die Auserwählten verführt würden. (...)

Bald aber nach der Trübsal jener Zeit werden Sonne und Mond den Schein verlieren, und die Sterne werden vom Himmel fallen, und die Kräfte der Himmel werden ins Wanken kommen. Und alsdann wird erscheinen das Zeichen des Menschensohnes am Himmel. (...) Darum wachet; denn ihr wisset nicht, welchen Tag euer Herr kommen wird."[1]

Im Nachfolgenden wollen wir uns mit drei verschiedenen Formen des Auftretens falscher Christuserscheinungen auseinanderzusetzen.

In der *FAZ* vom 19.02.1986 findet sich folgender Nachruf:

„ERLÖSERFIGUR – Zum Tode von Jiddu Krishnamurti. Der indische Philosoph Jiddu Krishnamurti ist am Montag im Alter von 90 Jahren an einer Krebserkrankung gestorben. Bis zuletzt hatte der 1897 in Madras geborene Brahmane in seiner erst vor elf Jahren gegründeten Philosophenschule von Ojai in Kalifornien gewirkt und in seinen über vierzig Büchern, von denen zahlreiche auch in deutscher Übersetzung erschienen, auf die religiösen Alternativbewegungen der Gegenwart Einfluß genommen.

Bereits im Alter von zwölf Jahren war Krishnamurti von der damaligen Weltpräsidentin der ‚Theosophischen Gesellschaft', Annie Besant, der Nachfolgerin von Helena Petrowna Blavatsky, zur neuen Erlöserfigur, zum reinkarnierten Christus erklärt worden, die für ihn 1910 den ‚Orden des Sterns im Osten' gründete. Der Kult um Krishnamurti brachte die ‚Theosophische Gesellschaft' in eine entscheidende Krise, in deren Verlauf sich ein beträchtlicher Teil der deutschen Theosophen unter Rudolf Steiner in der 1913 gegründeten ,Anthroposophischen Gesellschaft' selbständig machte.

Krishnamurti selbst lehnte lange Zeit eine organisierte Religionsbewegung ab, da er die spirituelle Wahrheit für unorganisierbar hielt. 1929 löste er dementsprechend seinen Orden auf und gründete auch erst in den siebziger Jahren in Kalifornien, England und Indien Niederlassungen seiner Schule.

Seine aus indischen und europäischen Quellen gespeiste Lehre wollte auf intuitivem Wege die Harmonie zwischen All und Ich erreichen. Religiöse Erneuerung und Meditation schienen ihm das ,Tor zu neuem Leben' zu sein, wie eines seiner zuletzt veröffentlichten Bücher hieß."[2]

Betrachten wir die Vorgänge um Krishnamurti im Jahr 1910 etwas genauer: Im Jahre 1906 war es in der Theosophischen Gesellschaft zu einem Skandal gekommen, der deren gesamte Arbeit auf das Schwerste erschütterte. Der enge Mitarbeiter von Annie Besant, Charles Webster Leadbeater, der als Eingeweihter galt, mußte sich wegen sexuellem Mißbrauch von Kindern vor Gericht verantworten. Annie Besant, die Leiterin der Theosophischen Gesellschaft, war dadurch in große Schwierigkeiten gekommen. Sie hatte sich in den Jahren vorher bei ihren Äußerungen okkultistischen Inhalts stets darauf berufen, mit Leadbeater zusammen vor den „Meistern", den Lehrern und Inspiratoren der Theosophischen Gesellschaft, gestanden zu haben. Zu den Grundbedingungen dieser Beziehung zu den Meistern gehörte aber absolute sexuelle Reinheit.

Leadbeater trat aus der Theosophischen Gesellschaft aus.

Annie Besant benötigte nach dem Tode des Mitbegründers der Theosophischen Gesellschaft, des Oberst Henry Steele Olcott, dringend die Mitarbeit Leadbeaters in Adyar, dem Sitz der Gesellschaft in Indien. Am 10. Februar 1910 kehrte Leadbeater nach Adyar zurück. Seit einigen Wochen lebte dort Jiddu Narianiah mit seinen Söhnen. Sein achtes Kind, geboren am 11. Mai 1895 in der Mittelgebirgsstadt Madanapalle, wurde nach strengem Hindubrauch nach Sri Krishna genannt.

Bereits kurz nach seiner ersten Begegnung mit Krishna offenbarte Leadbeater einem Mitarbeiter, daß dieser Knabe der Träger des „Lord Maitreya" werden würde. Leadbeater teilte mit, er selbst habe von den Meistern die Anweisung erhalten, den Knaben für diesen Zweck vorzubereiten.

Die verschiedenen weiteren Begebenheiten sind ausgesprochen aufschlußreich, können hier aber nicht weiter ausgeführt werden. Wir verweisen auf die Literatur.[3]

Knapp zwei Jahre später waren die Vorbereitungen, die mit der Verkündigung enden sollten, daß sich in dem Knaben Krishna, „der große Lehrer", wiederverkörpert habe, soweit gediehen, daß von George Arundale, einem weiteren Mitarbeiter der Leitung der Theosophischen Gesellschaft, der „Orden der aufsteigenden Sonne" gegründet wurde. Dieser Orden hatte das

Ziel, „diejenigen Menschen in Indien zu sammeln, die an das baldige Kommen eines großen Geisteslehrers glaubten, damit sie halfen, die Öffentlichkeit auf sein Kommen vorzubereiten, und auch, um eine Atmosphäre des Willkommens und der Verehrung zu schaffen."[4]

Wir lesen in dem Buch von Mary Lutyens über Krishnamurti:

„Die Gesellschaft besaß zu dieser Zeit ungefähr sechzehntausend aktive Mitglieder in der ganzen Welt. Die Theosophen waren je nach Orten oder besonderen Aktivitäten in Logen aufgegliedert. In großen Städten gab es auch manchmal mehrere Logen – die sechzehntausend Mitglieder verteilten sich auf mehr als sechshundert Logen. Dieses System barg insofern Gefah-

Ankunft auf Bahnhof Charing Cross, London, Mai 1911
Nitya, Frau Besant, K, George Arundale

Frau Besant, Leadbeater, K, Raja mit den Insignien des Purpur Ordens
Benares, im Dezember 1911

ren, als die einzelnen Gruppen leicht ausbrechen oder sich von Adyar unabhängig machen konnten. Eine solche Abspaltung hatte es vor einigen Jahren in Amerika gegeben, doch jetzt bewirkte die Gründung des Ordens des Sterns im Osten ein noch ernsteres Schisma, Rudolf Steiner in Deutschland war ein wichtiges Mitglied, das sich absonderte und mit ihm die meisten deutschen Logen, die mit ihm die Anthroposophische Gesellschaft gründeten. Die T.G. erholte sich jedoch von diesem Schlag und wuchs weiter. Im Jahre 1920 hatte sie 36.350 Mitglieder, und bis 1928 erreichte die Mitgliederzahl mit 45.000 Personen ihren Höhepunkt."[5]

Besant und Leadbeater glaubten, anhand ihrer okkulten Forschungen das frühere Leben des Knaben Jiddu Krishnamurti zu überschauen. Wen hatten die beiden im Auge, wenn Sie von „Christus" sprachen? Annie Besant schreibt in ihrem Buch „Esoterisches Christentum" das folgende: „Das Kind, dessen hebräischer Name in den des Jesus umgewandelt wurde, ist in Palästina im Jahre 105 vor Jesus Christus geboren, unter dem Konsulate des Publius Rutilius Rufus und des Cnaens Mallius Maximus."[6]

Der Verfasser eines Buches über Annie Besant, Eugène Levy, bemerkt hierzu: „Der Christus, von dem Mrs. Besant spricht, ist daher nicht der historische Jesus, der auch der Jesus der Evangelien ist, da des letzteren Leben ein Jahrhundert später verläuft."[7]

Leadbeater schreibt in seinem Buch „Der Okkultismus in der Natur" das folgende: „Wenn man z.B. mit Hilfe der Hellsichtigkeit das Leben des Gründers des Christentums erforscht, so findet man gar keine Spur der zwölf Apostel. Sie scheinen als Menschen niemals existiert zu haben, sondern in die Geschichte eingeführt worden zu sein aus irgendeinem beliebigen Grunde, vielleicht um die zwölf Tierkreiszeichen zu symbolisieren."[8]

Auf Seite 23 desselben Werkes schreibt Leadbeater: „Was die nahe Wiederkehr des Christus und sein Werk betrifft, so möchte ich auf Frau Besants Buch ,Die Welt von morgen' verweisen. Die Wiederkehr des Christus ist nicht fern und der Körper schon geboren, von dem er Besitz nehmen soll."[9]

In der Pariser Revue *Je sais tout* vom 13.11.1912 liest man desweiteren die folgenden Worte: „Der Lehrer und Initiator ... wird sich, so glaubt man ... in der Person eines jungen Hindu, Krishnamurti, inkarnieren, den die Häupter der Theosophie zu diesem heiligen Augenblick vorbereiten."[10]

In ihrem eben erwähnten Buch schreibt Besant: „In kurzer Zeit wird der höchste Lehrer wieder auf Erden sein, sich wieder als Lehrer offenbaren, noch einmal wird er unter uns wandeln und leben, *wie er einstens in Palästina gelebt hat.*"[11]

Leadbeater wiederum verkündete, daß der Christus der Evangelien nie bestanden habe und daß er eine Erfindung von Mönchen des zweiten Jahrhunderts sei.

Rudolf Steiner blickt auf die Geschehnisse in Madras

Daß aufgrund der Geschehnisse um die Verkündigung des „neuen Welt-lehrers" sich die Deutsche Sektion der Theosophischen Gesellschaft abspal-tete, was schließlich zur Gründung der Anthroposophischen Gesellschaft zum Jahreswechsel 1912/13 führte, ist hier nicht unser Thema.

Zu einem Mitarbeiter, dem späteren Waldorflehrer Alexander Strakosch, äußerte sich Rudolf Steiner in der folgenden von Strakosch in seinen Erinnerungen an Rudolf Steiner beschriebenen Weise: „Aber aus der weiten Welt kamen nicht nur die allgemeinen Nachrichten. Mit einer gewissen Sorge sahen wir vom Fenster unserer Triester Wohnung den Dampfer in den Hafen einbiegen, der die Post aus Indien brachte. Es war ja die Zeit der traurigen Angriffe von Annie Besant (gegen Rudolf Steiner, den sie unter anderem als Jesuiten bezeichnete; A.W.) und des Krischnamurti-Rummels, und es tat einem von Herzen weh, sehen zu müssen, wie Rudolf Steiner unter diesen Niedergangserscheinungen der theosophischen Gesellschaft gelitten hat. Er sprach sonst nie von seiner Person, aber als es einmal ganz schlimm war, sagte er still: ,Diese Sache kostet mich fünf Jahre meines Lebens.'"[12]

Wird Christus sich noch einmal auf Erden verkörpern?

Aus welchem Grund nahm Rudolf Steiner diese Vorgänge um den Hinduknaben Krishnamurti so ernst? Es gibt viele Gründe, die dafür anzu-geben sind. Durch die Verkündigung einer physischen Wiederkunft Christi wurde ein Hindernis vor die Tatsache gestellt, die Rudolf Steiner die „ätherische Wiederkunft Christi" nannte. Wir wollen eine der Aussagen, die Rudolf Steiner über die Tatsache der Erscheinung Christi im Ätherischen aussprach, an dieser Stelle zitieren:

„In unserem 20. Jahrhundert werden sich allmählich in einem Teil der Menschheit neue menschliche Seelenfähigkeiten entwickeln. Zum Beispiel wird es möglich sein, bevor das 20. Jahrhundert abgelaufen sein wird, den menschlichen Ätherleib wahrzunehmen. Eine andere Fähigkeit wird die sein, daß man, wenn man in sein Inneres schaut, wie im Traum das Bild, das Gegenbild einer Handlung wahrnimmt, die man vollziehen wird. Ge-wisse besonders dazu veranlagte Menschen werden noch eine andere Erfahrung machen. Was Paulus vor Damaskus erlebte und was für ihn eine persönliche Erfahrung war, das wird für eine gewisse Anzahl von Men-schen allgemeine Erfahrung werden.

Die Bedeutung, welche dieses Ereignis im 20. Jahrhundert haben wird, kann man aus dem folgenden erkennen. Paulus konnte von allem, was sich in Palästina ereignet hat, wissen, ohne daß dies aus einem Saulus einen

Paulus machen konnte. Sein Seelenzustand war ein solcher, daß er nicht überzeugt werden konnte, daß in dem Nazarener der Christus lebe. Erst das Ereignis von Damaskus sagte seinem hellseherischen Bewußtsein: Der Christus ist vorhanden.

Die Menschen, welche im 20. Jahrhundert das Ereignis von Damaskus erlebt haben werden, werden das direkte Wissen vom Christus bekommen, sie werden nicht notwendig haben, sich auf Dokumente zu stützen, um den Christus zu erkennen, sondern sie werden das direkte Wissen haben, wie es heute nur der Initiierte besitzt. Alle Fähigkeiten, die heute mittels der Initiation erworben werden, werden in Zukunft allgemeine Fähigkeiten der Menschheit sein. Dieser Zustand der Seele, dieses Seelenerleben, wird im Okkultismus die ‚Wiederkunft Christi' genannt. Der Christus wird nicht wieder in einem physischen Leib verkörpert sein, sondern er wird in einem ätherischen Leib erscheinen, wie auf der Straße nach Damaskus."[13]

Über die Zeit des ersten Auftretens dieser Fähigkeit sagt Rudolf Steiner: „Indem die Menschen fähig werden, den Ätherleib zu sehen, werden sie den Ätherleib des Christus Jesus sehen lernen, wie der Paulus ihn gesehen hat. Das ist dasjenige, was als das Charakteristikum eines neuen Zeitalters beginnt und was sich schon zwischen 1930 bis 1940/45 zeigen wird."[14]

Somit erscheint deutlich die Tatsache, daß eine Verfälschung dieser spirituellen Wiederkunftsanschauung die Menschen davon abbringen könnte, sich die betreffenden Fähigkeiten anzueignen, um lieber auf eine erneute physische Wiederkunft zu warten.

Solche Tendenzen finden wir auch heute noch.

Daß gerade in den Jahren zwischen 1933 und 1945 dunkle Mächte in Deutschland das Ruder ergriffen, deren Wurzeln viel tiefer reichen, als es die moderne Geschichtsschreibung wahrhaben will, habe ich an anderer Stelle behandelt[15] und auch auf die Zusammenhänge mit der Erscheinung Christi im Ätherischen verwiesen. Um so bestürzender ist die Tatsache, daß Rudolf Steiner gerade auf diese Jahre verwies und daß er offenbar die Hoffnung hatte, daß in der betreffenden Zeit sich Gutes für die Menschheit ergeben könnte:

„Die ersten Anzeichen dieser neuen Seelenfähigkeiten, die werden sich in vereinzelten Seelen schon verhältnismäßig bald bemerkbar machen. Und sie werden sich deutlicher zeigen in der Mitte der dreißiger Jahre unseres Jahrhunderts, ungefähr in der Zeit zwischen 1930 und 1940. Die Jahre 1933, 1935 und 1937 werden besonders wichtig sein. Da werden sich am Menschen ganz besondere Fähigkeiten als natürliche Anlagen zeigen. In dieser Zeit werden große Veränderungen vor sich gehen und Prophezeiungen der biblischen Urkunden sich erfüllen."[16]

Ich werde auf die Vorgänge dieser Jahre noch später zurückkommen.

Die Aussagen Rudolf Steiners, die wir in diesem Zusammenhang brachten, sind alle Vorträgen entnommen, die er zwischen dem 25. Januar und dem 13. April 1910 gehalten hat. In dem herangezogenen Vortragszyklus (GA 118) finden sich weitere Äußerungen. Er trägt den Titel „Das Ereignis der Christus-Erscheinung in der ätherischen Welt".

Rudolf Steiner sprach die eben genannten Vorträge unter dem Eindruck dessen, was zur selben Zeit in Adyar geschah. Am Ende der folgenden Aussage, die wir wegen ihres zentralen Stellenwertes ausführlich bringen, findet er deswegen auch harte Worte für die Theosophen, die der Lehre einer physischen Christuswiederkunft anhingen bzw. anhängen:

„Der Christus hat sich auf dem physischen Plan inkarniert, als die Menschheit auf ihren physischen Körper beschränkt war. Wir können heute die Worte des Johannes-Evangeliums wiederholen: Ändert euren Sinn, damit eure Fähigkeiten sich der geistigen Welt erschließen. – Denn Menschen mit ätherischem Hellsehen werden den Christus im ätherischen Körper vor sich sehen.

Die beschriebenen Fähigkeiten liegen jetzt als Samen in der Seele. In Zukunft werden sie entwickelt sein und man wird sagen können, daß das Schicksal des Menschen bis zu einem gewissen Sinn in seinen eigenen Händen liegt. Es wird notwendig sein, daß die Menschen, wenn diese Erscheinung auftritt, wissen, was diese Fähigkeiten bedeuten. Dann wird es für die Menschen unmöglich sein, wie jetzt, in den Materialismus zurückzufallen. Wenn diese Fähigkeiten in Erscheinung treten werden, wird man nicht gleich darauf achten. Die Menschen, welche diese Fähigkeiten besitzen, werden sogar als phantastisch und krank betrachtet werden. Die geisteswissenschaftliche Botschaft hat deshalb die Mission, die Menschen zum Verständnis solcher Fähigkeiten vorzubereiten. Es sind also die von der Geisteswissenschaft mitgeteilten Ideale nicht willkürlich, sondern ein notwendiges Mittel für die Entwickelung der Menschheit.

Was wir gesagt haben, wird in den zukünftigen Jahren noch öfter wiederholt werden, aber es ist notwendig, daß es richtig verstanden wird. Es ist möglich, daß die materialistischen Tendenzen in die Theosophische Gesellschaft eindringen, bis zu dem Punkt, daß man glauben wird, der Christus werde einen materiellen Körper annehmen, wenn er wiederkehre. Damit würde man bestätigen, daß die Menschheit während der letzten 2000 Jahre keinen Fortschritt gemacht hat. Christus erschien vor 2000 Jahren in einem physischen Körper für die physische Wahrnehmung. Für das zukünftige Hellsehen wird er im Ätherleib erscheinen. Wir bereiten uns mittels der Geisteswissenschaft vor, die bedeutende Epoche, die vor uns steht, zu verstehen. Um Theosoph zu sein, genügt es nicht, theoretisch die Theosophie zu verstehen, sondern man muß sie in sich leben. Es wird notwendig sein, dieses große Ereignis ganz exakt zu betrachten.

Es wird unternehmende Menschen geben, die aus der materialistischen Richtung der Theosophie versuchen werden, ihre Vorteile zu ziehen, und glauben zu machen, daß sie der Christus seien. Und sie werden Menschen finden, die ihnen Glauben schenken. Es wird eine Prüfung für die wirklichen Theosophen sein, sich gegen solche Versuchungen zu wappnen, und statt das menschliche Gefühl so zu erniedrigen, es emporzuheben zu den geistigen Welten. Die, welche in der richtigen Weise die Theosophie verstehen werden, sie werden diesen falschen Messiassen des 20. Jahrhunderts sagen: Ihr kündigt uns die Erscheinung des Christus auf dem physischen Plan an, aber wir wissen, daß der Christus sich nur als ätherische Erscheinung manifestieren wird. – Die wirklichen Theosophen werden das Erscheinen des Christus für die höheren Sinne erwarten. Der Mensch muß vor dem Tod die wahre Bedeutung der Wiederkehr Christi verstanden haben, dann wird dieses Verständnis ihm die geistigen Sinne durch das Leben zwischen Tod und neuer Geburt öffnen. Diejenigen aber, die nicht die Fähigkeit haben werden, die Bedeutung der Wiederkehr Christi auf Erden zu verstehen, müssen eine neue Verkörperung abwarten, um dieses Verständnis auf dem physischen Plan erwerben zu können."[17]

Okkulte Forschung und geistige Hindernisse

Noch aus einem anderen Grund wird ersichtlich, weshalb Rudolf Steiner davon sprach, daß ihm diese Sache fünf Jahre seines Lebens kosten werde.

Es gibt für den Geistesforscher ein Gesetz, das mit der Unterscheidung von Wahrheit und Täuschung im Bereich der geistigen Welt zu tun hat und dessen Nichtbeachtung zu den unglaublichsten Irrtümern führen kann. Rudolf Steiner erwähnt dieses Gesetz in einem anderen Zusammenhang, der jedoch auch mit Ereignissen in der Theosophischen Gesellschaft zu tun hat:

„... man hat es ja mit Okkultismus zu tun, und Okkultismus bedeutet, daß zum Erfassen seiner Wahrheiten eine größere Kraft notwendig ist als zum Erfassen der gewöhnlichen Wahrheiten des physischen Plans. Daher ist aber auch eine größere Kraft der Täuschung vorhanden, die zu durchschauen ist. (...) Das ist nicht leicht zu durchschauen, weil eine größere Gegenkraft notwendig ist, die man anwenden muß, um die Täuschung zu durchschauen."[18]

Mit anderen Worten: Beschäftigt sich der Geistesforscher mit einer spirituellen Tatsache der geistigen Welt, so hat er zunächst die Täuschungen zu durchschauen, die sich durch fehlerhaftes Erforschen anderer Geistesforscher vor diese Tatsache gestellt haben, bevor er an die Erforschung der Wahrheit dieser Tatsache gehen kann. Und dieses Hinwegräumen der Täuschungen erfordert eine größere Anstrengung als die Erforschung der eigentlichen Wahrheit. Dieses Gesetz zwingt den Geistesforscher, sich die große Verantwortung bewußt zu machen, in die er mit seinen Forschungen hineingestellt ist.

Die Wandlung des Jiddu Krishnamurti

In Adyar nahmen die Vorgänge ihren weiteren Verlauf. Annie Besant empfand sich unter dem Eindruck eines gewaltigen Geschehens. Das war allerdings nur die eine Seite des Geschehens. Innerhalb der Theosophischen Gesellschaft selbst kam es zu heftigsten Auseinandersetzungen aus den verschiedensten Gründen. In welche Verwirrungen deren Mitglieder verstrickt waren, macht folgendes Beispiel deutlich, das ich wiederum dem Buch von Mary Lutyens entnehme:

„Während dieser hektischen Tage in Huizen wurden viele Botschaften und Anweisungen der Meister durch George ‚übermittelt': Eingeweihte sollten nicht mit Nicht-Eingeweihten das Zimmer teilen, die Priester sollten nur seidene Unterwäsche tragen, Priesterröcke und Gewänder seien sorgfältig auszuwählen, Hüte seien nicht zu tragen. (Die Anweisung wegen der seidenen Unterwäsche war besonders hart für die ärmeren Priester. Auch streikte Frl. Dodge endlich einmal, als sie gebeten wurde, für die Priester Meßgewänder zu kaufen.) Frau Besant, Wedgwood, George und Rukmini wurden angewiesen, Eier in keinerlei Form mehr zu verzehren. Nach Lady Emilys Aufzeichnungen hielt sich allein Frau Besant an diese Diätanweisung und hungerte sich fortab fast zu Tode, da sie ja nicht einmal mehr ein Stück Kuchen essen durfte.

Der beabsichtigte Besuch bei dem gräflichen Meister in seinem ungarischen Schloß wurde lang und breit erörtert. Die Begegnung war von äußerster Wichtigkeit, denn wenn man den Grafen auf der physischen Ebene aufsuchen konnte, wäre der Welt damit die Existenz aller Meister unbezweifelbar bewiesen. Die tatsächliche geographische Lage des Schlosses war ein Geheimnis. George hatte die astrale Anweisung bekommen, ein Kursbuch des europäischen Festlandes willkürlich aufzuschlagen und mit seiner Gruppe dann zu dem Ort zu reisen, auf den er zufällig mit dem Finger tippen würde.

Am Abend des 7. August erlangten K (in Ojai), Raja (in Indien), George und Wedgwood alle zusammen die vierte bzw. Arhat-Einweihung. Leadbeater und Frau Besant waren bereits Arhats. George sagte zu Lady Emily, daß diejenigen, die diese Einweihung erlangt hatten, eine Gnade erbitten dürften, und daß K für Nityas Leben gebeten habe. Am gleichen Abend wurden Lady Emily und Frau Dr. Rocke (in Sydney) vom Herrn auf der Astralebene dazu geweiht, einem Frauen-Orden vorzustehen, den er bei seinem Erscheinen gründen wollte. Dies freute besonders Lady Emily sehr, da sie an Kleidern kein Interesse hatte und nun hoffte, bald das Gewand einer Äbtissin anlegen zu dürfen.

Es wurde auch mitgeteilt, daß George und Wedgwood direkte Jünger des Mahachohan sind (trug Lady Emily am 10. August in ihr Tagebuch ein). Wedgwood soll Mahachohan der 7. Wurzelrasse sein mit Amma (Frau

Besant) als Manu und C.W.L. als Bodhisattva. Aus diesem Grunde zieht Mahachohan allmählich seinen Einfluß von Raja ab, der bisher diese Stellung in der Dreierverbindung innehatte. George sagte mir, daß Raja viel Hilfe brauche, weil er sich wegen dieser neuen Ernennung sehr niedergedrückt fühlen müsse. George selbst sollte das Oberhaupt der 7. Rasse sein, und er sagte mir, diese Inkarnation hier sei seine letzte, und daß er in Zukunft durch das ganze Universum gesandt würde und nicht mehr an einen bestimmten Planeten gebunden sei."[19]

Das Kapitel aus dem Buch von Mary Lutyens ist überschrieben mit dem Titel „Die selbsternannten Apostel".

Der Vater Krishnamurtis und seines Bruders Nityananda, G. Narayaniah, hatte unterdessen Annie Besant verklagt, da diese ihm nicht mehr gestattete, seine Söhne zu sehen und zu sprechen. Besant mußte sich im April 1913 vor Gericht verantworten. Unter Kreuzverhör machte sie dort unter anderem die folgende Aussage:

„In E.S. (Versammlungen der Esoterischen Schule) Versammlungen habe ich ein- oder zweimal, ziemlich unbestimmt, aber doch deutlich genug, gesagt, daß der Körper des Knaben von dem Lord Maitreya benutzt werden wird. Ich sagte es nicht öffentlich, aber ich sagte es nach dem 28.12.1911. ... In *The Link* sagte ich, daß ich zuerst drei Körper hingestellt habe, aber später, als die Dinge immer klarer wurden, sagte ich, daß der Körper des älteren Knaben durch den Lord Maitreya benutzt werden würde. ... Ich glaube auch, daß Lord Maitreya und Christus derselbe sind. Ich glaube, daß er den Körper eines anderen Schülers vor 2000 Jahren benutzte. ... Christus und Lord Maitreya sind derselbe; der Meister Jesus war eine andere Persönlichkeit, natürlich würde ich das nicht vor der Welt veröffentlicht haben. Ich dachte nur, daß es an Leute gelangt wäre, die sich durch ein Versprechen verpflichtet haben. Im *Theosophist* vom Januar 1911 ... wies ich hin auf das Erscheinen einer anderen Persönlichkeit, ähnlich dem Christus. Ich meine das. Ich gebe es zu. Ohne weiter zu zitieren, ich glaube tatsächlich, daß sein Körper in einigen Jahren von Lord Maitreya benutzt werden wird."[20]

Auf Verlangen des Bevollmächtigten des Klägers mußte Annie Besant einige Nummern der Zeitschrift *The Link* vorlegen. Die folgende Passage aus dieser Zeitschrift enthält Worte von ihr, die anläßlich einer Versammlung des „Ordens des Sterns im Osten" in Benares gesprochen worden sind, bei welcher Krishnamurti als das Oberhaupt die Mitgliederscheine verteilte. Er war zu dieser Zeit sechzehn Jahre alt.

„Was außerdem einige sahen, das laßt mich jetzt erzählen. Eine große Krone aus glänzendem, strahlendem Blau erschien ungefähr einen Fuß hoch über dem jungen Haupt, und aus derselben strömten hernieder trichterförmig helle Ströme blauen Lichtes, bis sie das dunkele Haar berührten und in das Haupt sich ergossen und es umfluteten; der Lord Maitreya war da und verkörperte sich in seinem Auserwählten. Innerhalb der Krone strahlte das Rot des Symbols des Meisters Jesus, das ‚Rosenkreuz' (Rosy Cross), und oben in der Luft, beinahe von der Decke herab, leuchtete der blitzende und funkelnde Stern, den alle Initiierten kennen. Ringsherum, das Gebäude im Innern schützend, sozusagen eine lebende Mauer bildend, hingen die großen grünen Devas, ein Viereck von funkelndem Licht und Farben, herrliche, immer glorreichere Stufenfolgen von beglückender Schönheit." [21]

Ebenfalls vor Gericht verlesen wurde die folgende Passage aus *The Link* vom August 1912:

„Und wir leben jetzt in solch einer Zeit, wo wir die Ankunft des Lord Maitreya erwarten; wie die Dinge sich gestalten, wenn Er wirklich unter uns ist, in dem von Ihm erwählten Körper, das wissen wir nicht; aber wir wissen, daß die Ausgießung Seiner Liebe, Seiner Kraft, das, wovon wir als Seinem Magnetismus sprechen, schon so oft ausgegossen worden ist, so unerwartet, daß dadurch gegenwärtig die ganze Lage der Dinge hier in Indien eine Veränderung erfahren muß. Wohin auch immer unser junger Bruder geht, da trägt er mit sich jenen Einfluß, jenen offenen Verbindungsweg zu der höheren Welt, und darin liegt der große Vorteil, den Ihr habt." [22]

Es sei auch noch eine der typischen Ansprachen Krishnamurtis gebracht, die deutlich werden läßt, wie er zum Zeitpunkt der folgenden Ansprache im Jahre 1924, nunmehr 19 Jahre alt, einwirkte:

„Lernt mir zu dienen,
denn nur so werdet ihr mich finden
Vergeßt euch selbst,
denn allein dann kann ich gefunden werden
Schaut nicht aus nach den GROSSEN,
wenn sie euch sehr nahe sein mögen
Ihr seid wie der Blinde, der die Sonne sucht
Ihr seid wie der Hungrige, dem Speise angeboten wird und der nicht ißt
Das Glück, das ihr sucht, liegt nicht weit ab;
es liegt in jedem gewöhnlichen Stein
Ich bin da, wenn ihr nur sehen wolltet.
Ich bin der Helfer, wenn ihr euch helfen laßt." [23]

Am 28. Dezember 1925 begann einer der jährlichen Kongresse des „Star"-Ordens in Ommen/Holland. Hier, bei der Versammlung der verschiedenen Landesvertreter, sprach er: „Ihr habt von der Quelle der Weisheit und Erkenntnis getrunken. Die Erinnerung an den 28. sollte Euch so viel gelten, als ob Ihr ein kostbares Juwel zu hüten habt." [24]

Was war geschehen? Am Eröffnungstag des Kongresses, eben am 28. Dezember, hatte Krishnamurti (übersetzt: Krishnaförmige) eine Ansprache gehalten, die im nachhinein als die erste Offenbarung des Weltlehrers galt. Der Kongreß hatte im voraus auf der ganzen Welt Aufsehen erregt. So brachten unter anderem die folgenden Zeitungen bereits Artikel über die Ankunft der Delegierten: *New York Herald, New York Times, Times of India*. Der *Daily Mail* kommentierte die Geschehnisse ausführlich. Krishnamurti sprach in dieser Eröffnungsansprache vom kommenden Weltlehrer:

„Er kommt nur zu denen, die es wünschen, begehren, Sehnsucht danach haben ...“[25] Weiter sprach er davon, daß Krishnamurti (bis hierhin sprach er von sich stets in der dritten Person) jetzt in jenes Leben eingetreten sei, das von einigen als das des Christus gesehen werde, das des von anderen als Buddha, von anderen als das des Lord Maitreya. Mary Lutyens schreibt darüber: „Diejenigen, die den Wechsel zur ersten Peron und die Veränderung im Klang der Stimme bemerkten, durchzuckte es wie ein Schlag.“[26]

Krishnamurti weiter: „... ich komme zu denjenigen, die Mitleiden brauchen, die Glück brauchen, die sich danach sehnen, erlöst zu werden, die sich nach Glück in allen Dingen sehnen. Ich komme, um zu reformieren, nicht um niederzureißen, ich komme nicht, um zu zerstören, sondern um aufzubauen.“[27]

Im Januar 1927 beschloß er eine Rede mit den Worten:
„I am the Truth,
I am the Law,
I am the Refuge,
I am the Guide,
The Companion and the Beloved.“[28]
(Deutsch: Ich bin die Wahrheit. Ich bin das Gesetz. Ich bin die Zuflucht. Ich bin der Führer, der Begleiter und der Geliebte).

Im Juni des Jahres 1927 sollte der „Order of the Star in the East“ in „Order of the Star“ umbenannt werden. Folgende Ziele sollten von nun an gelten:

„1. Alle diejenigen zu vereinigen, die daran glaubten, daß der Weltlehrer in der Welt erschienen sei, und 2. auf jede Weise für Ihn zu arbeiten, um Sein Ideal von Humanität zu verwirklichen. Der Orden hat keine Dogmen, Glaubenslehren oder -systeme. Seine Inspirationen bezieht der Orden von seinem Lehrer. Zweck des Ordens ist es, seinem allgemein gültigen Leben Gestalt zu geben.“[29]

Eine Folge dieser Äußerungen war es nun allerdings, daß sich eine Kluft zwischen der Esoterischen Sektion der Theosophischen Gesellschaft und dem „Order of the Star“ auftat. Krishnamurti erhielt auch Briefe von Mitgliedern, die mit seinen Reden der letzten Zeit unzufrieden waren, so zum Beispiel von einer gewissen Lady De La Warr.[30] Es entstand das Problem, daß man nun mit den bisherigen Inspiratoren der Theosophischen Gesellschaft, den „Meistern“, nichts mehr anzufangen wußte, da ja nun der direkte Weg zur Wahrheit nicht mehr über diese, sondern nur noch durch Krishnamurti bzw. den „Christus-Buddha-Maitreya“ führte. Somit entstand eine erhebliche Verwirrung unter den Mitgliedern.

Die Auflösung des Star-Ordens

Dennoch kam es für viele – wenn auch nicht für alle – überraschend, was sich nach einigen weiteren schwierigen Entwicklungen im Ommener Lager in Holland am 2. August 1929 zutrug. Obwohl deutlich wird, daß in Krishnamurti Veränderungen vor sich gingen, er sich zunehmend dem Einflusse Frau Besants entzog, überraschte der konsequente Schritt, den er nun vollzog, praktisch alle Teilnehmer.

Am 27. Mai 1929 hatte er noch folgendes gesagt: „Ich sage es jetzt – und sage es ohne Eitelkeit – mit vollem Bewußtsein und mit ganzem Verstand und Herzen, daß ich jene volle Flamme bin, die die höchste Blüte des Lebens ist, zu der alle menschlichen Wesen gelangen müssen."[31)]

Allerdings hielt sich auch hartnäckig das Gerücht, daß der „Star-Orden" bald aufgelöst werden solle. Welche Vorgänge Jiddu Krishnamurti letztlich dazu bewogen haben, eine solche Rede zu halten, wie ich sie nachstehend ausführlich zitiere, wird sein Geheimnis bleiben. Die schlechtesten Geister werden es nicht gewesen sein, die ihn dazu inspiriert haben mögen:

„Heute Morgen wollen wir über die Auflösung des Star-Ordens sprechen. Viele von Ihnen werden froh darüber sein, andere wieder betrübt. Diese Auflösung ist weder ein Grund zur Freude noch zur Trauer, sondern einfach unumgänglich, wie ich Ihnen jetzt erklären möchte ...

Meiner Meinung nach ist die Wahrheit ein wegloses Land, zu dem Sie auf keinerlei Weg gelangen können, auch nicht über irgendeine Religion oder Sekte. Das ist mein Standpunkt, den ich absolut und unbedingt beibehalte. Die Wahrheit, die weder Grenzen noch Bedingungen kennt und zu der kein Weg führt, ist nicht organisierbar und es sollten auch keine Organisationen gebildet werden, um die Menschen auf einen bestimmten Weg zu leiten oder zu zwingen. Erst wenn Sie das verstanden haben, werden Sie einsehen, wie unmöglich es ist, Glauben zu organisieren. Ein Glaube ist eine rein individuelle Angelegenheit, die Sie weder organisieren können noch dürfen. Wenn Sie das dennoch tun, erstarrt der Glaube und stirbt ab, wird zu einem Bekenntnis, einer Sekte, einer Religion, die anderen Menschen aufgezwungen wird.

Und gerade das ist es, was überall auf der Welt versucht wird. Die Wahrheit wird herabgezogen, um als Spielzeug zu dienen für Schwächlinge und im Augenblick Unzufriedene. Die Wahrheit ist aber nicht herabziehbar, im Gegenteil muß jeder einzelne Mensch die Anstrengungen unternehmen, zu ihr aufzusteigen. Ein Bergesgipfel kann nicht zu Tal gebracht werden ...

Das ist also der erste Grund, warum aus meiner Sicht der Star-Orden aufgelöst werden sollte. Trotzdem werden Sie wahrscheinlich wieder andere Orden bilden, werden Sie weiterhin anderen Organisationen angehören und die Wahrheit suchen. Ich selbst möchte keiner Organisation geistiger Art angehören; bitte verstehen Sie das ...

Die Auflösung des Ordens des Sterns durch Krishnamurti
im August 1929 in Ommen

Eine Organisation, die man zu einem solchen Zweck gründet, wird zur Krücke, Schwäche, Fessel, muß den einzelnen Menschen zum Krüppel machen, ihn am Wachstum hindern, an der Entfaltung seiner Einmaligkeit, die eben darin liegt, daß er die absolute unbedingte Wahrheit selbst für sich entdeckt. Das ist der zweite Grund, warum ich als zufälliges Haupt dieses Ordens entschlossen bin, den Orden aufzulösen.

Das ist keine großartige Tat, denn ich wünsche keine Anhänger und meine es wirklich so. Sowie sie einem anderen nachfolgen, hören sie auf, der Wahrheit zu folgen. Ich kümmere mich nicht darum, ob Sie mir jetzt zuhören. Ich will etwas Bestimmtes tun auf der Welt, und ich werde es tun mit unbeirrbarer Konzentration. Ich kümmere mich nur um ein wesentliches Ziel: die Menschen zu befreien. Mir verlangt danach, sie aus allen Käfigen, von allen Ängsten zu befreien, aber nicht danach, Religionen oder neue Sekten zu gründen, oder neue Theorien oder Philosophien einzuführen. Nun werden Sie mich natürlich fragen, warum ich die ganze Welt bereise und dauernd rede. Ich sage Ihnen, warum ich das tue, nicht weil ich eine Anhängerschaft erstrebe oder mir eine Schar eigener Jünger wünsche. (Jeder Mensch möchte sich ja zu gerne irgendwie von seinen Mitmenschen unterscheiden, wie lächerlich, töricht und gewöhnlich der Unterschied auch sei. Dergleichen Torheiten unterstütze ich nicht.) Ich habe keine Jünger, keine Apostel, weder auf der Erde noch im Reich des Geistes.

Es ist auch nicht das Verlangen nach Geld oder der Wunsch nach einem bequemen Leben, was mich anzieht. Wenn ich nur ein bequemes Leben haben wollte, würde ich nicht zu einem Lager kommen oder in einem feuchten Klima leben! Ich spreche all das offen aus, weil ich das alles ein für allemal abgetan haben möchte. Ich möchte nicht diese kindischen Diskussionen Jahr für Jahr.

Ein Zeitungsmann, der mich interviewte, fand es eine großartige Tat, eine Organisation von Tausenden und Abertausenden von Mitgliedern aufzulösen. Für ihn war es eine große Tat, denn er sagte: ,Was werden Sie danach tun, wovon werden Sie leben? Sie haben keine Anhänger, die Menschen werden Ihnen nicht mehr zuhören.‘ Wenn mir auch nur fünf Menschen zuhören würden, die leben wollen, deren Blicke sich auf die Ewigkeit richten, würde mir das genügen. Was nützen einem Tausende, die nicht verstehen, die völlig in Vorurteilen befangen sind, die das Neue nicht wollen, sondern es sich lieber so übersetzen, daß es zu ihrem eigenen sterilen, stagnierenden Ich paßt? ...

Weil ich frei bin, ohne Vorbehalte, ganz, kein Teil, keine relative, sondern die ganze Wahrheit, die ewig ist, möchte ich, daß diejenigen, die mich zu verstehen versuchen, frei sein sollen und nicht mir anhängen, keinen Käfig aus mir machen, der zur Religion, zur Sekte wird. Nein, sie sollen frei sein von allen Ängsten – von der Angst vor Religionen, von der Angst vor Befreiung, der Angst vor Geistigkeit, der Angst vor Liebe, der

Todesangst, der Angst vor dem Leben selbst. So wie ein Maler ein Bild malt, weil ihm das Malen Freude macht, weil er sich damit selbst ausdrückt, seinen Glanz, sein Wohlbefinden – aus denselben Gründen tue ich dies, und nicht, weil ich irgend etwas von irgend jemandem möchte. Sie sind an Autoritäten gewöhnt oder an eine autoritäre Atmosphäre, von der Sie meinen, daß sie Sie zu einem geistigen Leben führt. Sie meinen und hoffen, daß ein anderer Mensch durch seine außerordentlichen Kräfte – ein Wunder – Sie in dieses Reich der ewigen Freiheit bringen könne, das Glückseligkeit bedeutet. Ihre ganze Lebensanschauung beruht auf einer solchen Autorität.

Sie hören mich jetzt seit drei Jahren, ohne daß sich in Ihnen etwas verändert hat, außer in ganz wenigen. Nun analysieren Sie, was ich sage, seien Sie kritisch, damit Sie mich ganz und gar und im tiefsten Grunde verstehen ...

Seit achtzehn Jahren haben Sie hingelebt auf dieses Ereignis, auf das Kommen des Weltlehrers. Seit achtzehn Jahren haben Sie organisiert, nach einem Menschen Ausschau gehalten, der Ihrem Herzen und Geist neue Freude gäbe, der Ihr ganzes Leben umformte, Ihnen neues Verstehen schenkte, haben Sie Ausschau gehalten nach einem Menschen, der Sie auf eine höhere Lebensebene höbe, der Ihnen neuen Mut schenkte, Sie befreien würde – und nun schauen Sie was geschehen ist! Überlegen Sie, gehen Sie mit sich selbst zu Rate und entdecken Sie, auf welche Weise dieser Glaube Sie verändert hat – nicht durch den rein oberflächlichen Unterschied, daß Sie ein Abzeichen tragen, was eine triviale und törichte Sache ist. Hat dieser Glaube alle unwesentlichen Dinge Ihres Lebens fortgeschwemmt? Nur so darf geurteilt werden: Sind Sie freier, größer geworden, gefährlich für jede Gesellschaft, die auf dem Unechten und Unwesentlichen gegründet ist? Haben sich die Mitglieder der Organisation des Star verändert? ...

Sie alle sind in Ihrem geistigen Leben, Ihrem Glück, Ihrer Erleuchtung von anderen abhängig ... wenn ich Ihnen sage, schauen Sie in Ihr eigenes Innere, wenn Sie für sich selbst Erleuchtung suchen, Glanz, Reinigung, Unbestechlichkeit – nicht einer von Ihnen ist dazu gewillt. Vielleicht gibt es einige Menschen, doch sind es sehr wenige. Also, wozu eine Organisation? ...

Kein von außen kommender Mensch kann Sie befreien, kein organisierter Kultus, kein Opfertod für irgendeine Sache, keine Organisation, die Sie bilden, keine Arbeit, in die Sie sich stürzen, nichts dergleichen kann Sie befreien. Sie benutzen eine Schreibmaschine zum Briefeschreiben, doch stellen Sie sie nicht auf einen Altar und beten sie an. Das tun Sie aber, wenn Sie eine Organisation zu Ihrem Hauptanliegen machen. ‚Wie viele Mitglieder haben Sie?'– Das ist die erste Frage aller Zeitungsleute an mich. ‚Wie viele Anhänger haben Sie? Aufgrund der Mitgliederzahl werden wir beurteilen, ob das, was Sie sagen, wahr ist.' Ich weiß nicht, wie viele es sind. Ich beschäftige mich nicht damit. Wenn es nur ein einziger Mensch wäre, und der wäre frei geworden, wäre das genug.

Auch haben Sie die Vorstellung, daß nur gewisse Menschen den Schlüssel zum Himmelreich der Glückseligkeit besitzen. Keiner hat ihn. Keiner hat das Vorrecht, diesen Schlüssel zu besitzen. Dieser Schlüssel befindet sich in Ihrem eigenen Inneren. In der Entwicklung, Reinigung und Unbestechlichkeit Ihres Inneren liegt allein das Himmelreich der Ewigkeit ...

Sie sind daran gewöhnt, daß Ihnen gesagt wird, wie weit Sie fortgeschritten sind, welchen geistigen Status Sie erlangt haben. Wie kindisch! Wer außer Ihnen selbst kann sagen, ob Sie unbestechlich sind? ...

Aber diejenigen, die wirklich verstehen wollen, die Ausschau halten und das Unvergängliche, das Anfang- und Endlose suchen, werden mit größerer Intensität zusammengehen und eine Gefahr werden für alles, was unwesentlich ist, für Unwirkliches, Geister. Und sie werden sich vereinigen, zur Flamme werden, weil sie verstehen. Eine solche Gemeinschaft müssen wir erschaffen, das ist mein Ziel. Bei einer solchen wahren Freundschaft – die Sie nicht zu kennen scheinen – hat jeder den Willen zur Zusammenarbeit. Nicht aufgrund einer Autorität, oder um errettet zu werden, sondern weil Sie wirklich verstehen und also im Unvergänglichen leben. Das ist größer als alle diesseitigen Freuden, als alle Opfer.

Das sind also einige Gründe, warum ich, nachdem ich es mir zwei Jahre lang genau überlegt habe, diese Entscheidung treffen mußte, die wahrhaftig keinem augenblicklichen Impuls entsprungen ist. Kein Mensch hat mich dazu überredet – in solchen Dingen kann man mich nicht überreden. Zwei Jahre lang habe ich es mir überlegt, bedächtig, gründlich, beharrlich, und jetzt habe ich mich dazu entschlossen, den Orden aufzulösen, da ich zufällig sein Haupt bin. Sie können andere Organisationen bilden und einen anderen erwarten. Damit habe ich nichts zu tun, auch nicht damit, neue Käfige, neue Dekorationen für solche Käfige zu schaffen. Mein einziges Anliegen ist es, die Menschen absolut und bedingungslos zu befreien."[32]

Jiddu Krishnamurti war zu diesem Zeitpunkt 34 Jahre alt. Der Krishnamurti, der danach bis zu seinem Lebensende auftrat, war ein ganz anderer. Dieses sollte nicht vergessen werden. Im weiteren war er ein Verkünder des „pfadlosen Weges zur Wahrheit", und viele Menschen haben von ihm profitiert.

Als Anekdote wird erzählt, daß es vorkam, daß seine Zuhörer ihm zu viel Ehrerbietung in Form von Beifall zukommen ließen. Er sagte dann gelegentlich, man solle mit dem Klatschen aufhören. Man zeige damit nur, daß man noch nichts verstanden habe.[33]

Rudolf Steiner hatte schon viel früher erkannt, daß der Versuch Annie Besants, aus Krishnamurti den großen Weltlehrer zu machen und diesen zu ihren Zwecken zu verwenden, mißglückt war. Bereits am 22. Januar 1917 sprach er über die Vorgänge – die er hier „Alcyone-Rummel" (Alcyone wurde Krishnamurti zunächst von Besant und Leadbeater genannt, bevor er in die Öffentlichkeit trat) nennt –, die folgenden Worte, nachdem er vorher das Unfehlbarkeitsdogma der katholischen Kirche als ein „außerordentlich stark wirksames okkultes Mittel, nämlich durch etwas im eminentesten Sinne Widerchristliches Glauben zu erwecken", bezeichnet hat:

„Ebenso war es ein mächtiger okkulter Impuls, der nur mißglückt ist, der angestrebt wurde von Mrs. Besant, indem sie den Alcyone-Rummel veranstaltete. Hätte dieser Glaube an den verkörperten Jesus in Alcyone weiteren Glauben gefunden, so wäre das ein starker okkulter Impuls gewesen. Nun, Sie sehen, daß schon in der Verbreitung gewisser Begriffe, in der Verbreitung gewisser Vorstellungen starke okkulte Impulse liegen."[34]

Ehrfurcht und Verehrung gegenüber Personen?

Die Vorgänge um Jiddu Krishnamurti zeigen, in welchem Maße erwachsene Menschen bereit sind, sogenannten „Führern" Verehrung und Ehrfurcht entgegenzutragen. Dies ist ein weitverbreitetes Phänomen. In der Pädagogik ist es eine Selbstverständlichkeit, daß Erwachsene sich so verhalten sollen, daß in den Kindern Ehrfurchtskräfte wachsen. Etwas überspitzt gesagt ist dies unter anderem deshalb notwendig, damit die Kinder, wenn sie einmal Erwachsene geworden sind, nicht im Erwachsenenalter ein Nachholbedürfnis entfalten. In der von Rudolf Steiner begründeten Geistesschulung geht es nie um die Entwicklung von Verehrung gegenüber Menschen. Wir lesen in „Wie erlangt man Erkenntnisse der höheren Welten?" (GA 10):

„Es wird später die erst kindliche Verehrung gegenüber Menschen zur Verehrung gegenüber *Wahrheit* und *Erkenntnis*. (...) Wenn wir nicht das tiefgründige Gefühl in uns entwickeln, daß es etwas Höheres gibt, als wir sind, werden wir auch nicht in uns die Kraft finden, uns zu einem Höheren hinaufzuentwickeln. (...) Betont muß werden, daß es sich beim höheren Wissen *nicht* um Verehrung von Menschen, sondern um eine solche gegenüber *Wahrheit* und *Erkenntnis* handelt."[35]

Dieser Grundsatz erscheint mir so wichtig, daß ich ihn an dieser Stelle einfüge, um damit auf eine Betrachtung hinüberzulenken, die eine „Christuserscheinung" beschreibt, die sich noch bis in unsere Tage hineinzieht.

„Christus weilt jetzt unter uns"

Am Samstag, dem 24. April 1982, befand sich in der *Frankfurter Allgemeinen Zeitung* eine ganzseitige Anzeige mit der Überschrift „Christus weilt jetzt unter uns", unterzeichnet von einer Organisation „Tara-Center/USA".

Ich zitiere aus dem Text der Anzeige:

„Unsere Welt hat genug Hunger, Unrecht und Krieg gesehen. Unser Hilferuf ist erhört worden ...

Christus weilt jetzt unter uns.

Wie aber werden wir ihn erkennen? Suchen Sie nach einem modernen Menschen, der sich mit unseren modernen politischen, ökonomischen und sozialen Problemen beschäftigt. Schon seit 1977 hat dieser Christus in einem uns allen bekannten, modernen Land als gewöhnlicher Mensch gewirkt. Hier ist er besonders als Fürsprecher für eine Gruppe oder Gemeinde in den Vordergrund getreten. Er ist kein religiöses Oberhaupt, sondern ein Erzieher im weitesten Sinne des Wortes, ein wahrer Erzieher der Welt, mit dessen Hilfe wir aus der gegenwärtigen Krisenlage geführt werden können. Er kann an seinem außergewöhnlichen geistigen Einfluß, an der Universalität seiner Ansichten und an seiner Liebe für die ganze Menschheit erkannt werden. Er kommt nicht, um zu richten, sondern um der Menschheit zu helfen und um sie zu inspirieren.

Wer ist dieser Christus? Gleichwie alle Christen die Wiedergeburt *Christi* erwarten, so erwarten die Juden ihren *Messias,* die Buddhisten ihren fünften *Buddha,* die Moslems ihren *Mahdi* und die Hindus ihren *Krischna.* Tatsächlich sind dies nur verschiedene Namen für dieselbe Person, *Maitreya* Christus, unser Erzieher dieser Welt. (...)

Wann werden wir ihn wahrnehmen? Bis jetzt hat er sich noch nicht zu erkennen gegeben. Jedoch innerhalb der kommenden zwei Monate wird er überall auf der Welt im Radio gehört und auf den Bildschirmen unserer Fernsehgeräte gesehen werden können. Ohne viel Aufsehen zu erregen, werden seine Worte in die Gedanken der ganzen Menschheit dringen. So werden wir sicher sein können, daß er wirklich unser Christus ist. Von jenem Zeitpunkt an werden wir mit seiner Hilfe eine neue Welt aufbauen.“[36]

Ich möchte mich hier nicht mit den in der Anzeige erwähnten Endzeiterwartungen der verschiedenen Religionen auseinandersetzen. Zu diesem Thema ist ein kompetentes Werk von Hans-Diedrich Fuhlendorf erschienen.[37] – Betrachten wir zunächst einmal die Organisation, die hinter der Publikation dieser Anzeige steht. Ein in London lebender Kunstmaler namens Benjamin Creme bekennt sich als Initiator dieser Anzeigenaktion. In einem Telefongespräch mit der Redaktion des *Materialdienstes* der Evangelischen Zentralstelle für Weltanschauungsfragen wird deutlich, daß Creme sich zwanzig Jahre lang durch die Lektüre der Werke der Begründerin der Theosophischen Gesellschaft, Helena Petrowna Blavatsky, geschult hat. Wir lesen weiter im *Materialdienst:*

„Heftig grenzt er sich von der ‚schwarzen Magie' eines Aleister Crowley ab. Man kann ihm persönlich abnehmen, daß er davon überzeugt ist, was er sagt. Er gibt auch Anschrift und Telefonnummer von Anhängern in

Deutschland bekannt. Auf einen Anruf in München hin wird bekannt, daß sich dort seit Anfang dieses Jahres bereits zahlreiche Personen auf das Ereignis vorbereiten sollen. Weitere sog. *‚transmission groups'* (‚Meditationsenergie-Gruppen') sind in Oberammergau, Augsburg, Frankfurt, Neu Isenburg, Darmstadt und Göttingen bekannt. (...)

Creme behauptet, mit der ‚Hierarchie der Meister der Weisheit' in telepathischem Kontakt zu stehen. Diese ‚Meister', so sagt er in dem ‚Esotera'-Interview, ‚sind keine Götter. Es sind Menschen wie du und ich', die ‚sich selbst in einer langen Reihe verschiedener Leben vervollkommnet haben ..., bis sie einen Punkt in ihrer Evolution erreichten, der eine erneute Inkarnation auf Erden nicht mehr länger erforderlich machte. Einige unter ihnen entschieden sich jedoch dafür ..., uns, ihren jüngeren Brüdern, zu helfen'. An ihrer Spitze stehe der ‚Weltlehrer', der ‚Meister der Meister'. Seit 2600 Jahren werde diese Position von ‚Maitreya' eingenommen. Dieser habe vor 2000 Jahren in Palästina in Gestalt seines Schülers Jesus gewirkt. Alle Lehrer, wie Herkules, Hermes, Mithra, Rama, Krishna, Buddha oder Christus, hätten sich ‚auf demselben Weg vervollkommnet, auf dem nun auch wir fortschreiten'. Dieser esoterische Prozeß sei als ‚Einweihung' bekannt und habe 5 Stufen. Alle großen Persönlichkeiten wie Pythagoras, Plato, Dante, Mozart, Franklin oder Lincoln, seien Eingeweihte gewesen. Er, Benjamin Creme, sei von einem ‚Meister der Weisheit' für das Hinaustragen der Botschaft unterrichtet worden, ‚daß Maitreya, der Christus, schon in diesem Augenblick im Alltag aktiv ist'. Christus habe bei seiner Mission in Palästina vor 2000 Jahren ‚die göttliche Energie auf Erden verankert, die wir ‚Liebe' nennen'. Im Jahre 1959 habe er, Creme, ‚auf telepathischem Wege von Maitreya, dem Christus, persönlich zu hören' bekommen, ‚daß seine Wiederkunft Realität werden würde'. Sein normaler Aufenthaltsort sei ein Tal im Transhimalaya. Seit dem 19. Juli 1977 sei er allerdings schon in dem Land, von wo aus er aktiv werden wird. Christus durchdringe die Welt nicht nur mit seinem Geist und seiner Energie, sondern werde für uns ‚physisch erscheinen – als ein normaler, einfacher Mann, ein Bruder unter Brüdern, aber mit einer außergewöhnlichen Gabe zu lieben'. Seinen Entschluß vom Jahre 1945, auf diese Welt zurückzukehren, habe er von einer Reihe von *Bedingungen* abhängig gemacht: einem gewissen Maß von Frieden in der Welt, einer gewissen Manifestation des Willens zum Miteinanderteilen in der Menschheit und einer stärkeren Befreiung der Anhänger religiöser Organisationen von autoritären Zwängen – Aussagen, die auch in der Zeitungsannonce wiederkehren und letztlich den allgemeinen Zielen der theosophischen Bewegung entsprechen!"[38]

Es scheint Benjamin Creme bekannt zu sein, daß es die Anschauung gibt, daß es eine physische Wiederkunft Christi nicht geben wird. Er stellt dar, daß die Entscheidung, daß Christus doch wiederkommen solle, im Jahre 1945 von Christus selbst getroffen worden sein soll:

„Die Seelenängste des Krieges und die Bedrängnis der ganzen Menschenfamilie veranlaßte Christus im Jahre 1945 zu einer großen Entscheidung – einer Entscheidung, die ihren Ausdruck in zwei überaus wichtigen Erklärungen fand. Damals verkündete Er der versammelten Geistigen Hierarchie und allen seinen Dienern und Jüngern auf der Erde, daß Er entschlossen sei, wieder in physischen Kontakt mit der Menschheit zu treten, sobald sie die ersten Schritte zur Gewinnung rechter menschlicher Beziehungen zustande gebracht haben würde. Gleichzeitig brachte Er der Welt eines der ältesten jemals bekannten Gebete zum Gebrauch für jedermann – aber es war eines, das bis dahin von niemandem gesprochen werden durfte als den höchsten geistigen Wesen. Wie es heißt, gebrauchte Er es selbst erstmalig zur Zeit des Juni-Vollmondes 1945 ...“[39]

Benjamin Creme beruft sich desweiteren auf Alice Bailey (1880–1949), eine theosophische Schriftstellerin. Diese hatte in ihrem Buch „Die Wiederkunft Christi" den Zeitpunkt der Wiederkehr für die Jahrtausendwende vorhergesagt. Sie war Begründerin des „Lucis Trust" und der mit dieser Organisation verbundenen Nebengruppen. Außerdem gründete sie als geistigen Ableger der Theosophischen Gesellschaft die Arkan-Schule. Ihr Mann, Foster-Bailey, den sie im Jahre 1920 heiratete, war 1919 Generalsekretär der Adyar-Theosophischen Gesellschaft in den USA gewesen, also in der Zeit des Krishnamurti-Geschehens.

Nach der Spaltung der Adyar-Theosophischen Gesellschaft in den USA begründete sie im Jahre 1920 die Theosophical Association. Diese wird im Jahre 1923 in Arkan-Schule umbenannt. Diese Schule lehrte unter anderem, daß die menschlichen Geschicke von einer geistigen Hierarchie geleitet werden, die das herannahende neue Zeitalter vorbereiten.

Ich möchte Alice Bailey selbst zu Wort kommen lassen, damit ihre Vorstellungen über die nahende Wiederkunft Christi deutlich werden können. In dem erwähnten Buch mit dem Titel „Die Wiederkunft Christi" lesen wir wie folgt:

„Eine Wahrheit, die die orthodoxen Gläubigen aller Bekenntnisse hart ankommen wird, ist die Tatsache, daß Er *nicht wiederkommen kann, weil Er allezeit hier auf Erden weilte* und über das geistige Schicksal der Menschheit wachte; Er hat uns niemals verlassen, sondern leitete in einem physischen Körper und in geschützter Verborgenheit (nicht aber versteckt) die Angelegenheiten der geistigen Hierarchie, Seiner Jünger und Mithelfer, die sich zu gemeinsamem Dienst für die Erde verpflichtet haben. *Er kann also nur wieder-erscheinen.* Es ist eine spirituelle Tatsache, daß jene, die aus Grabesdunkel in die Fülle des auferstandenen Lebens hinübergingen, gesehen werden können und gleichzeitig der Sichtbarkeit ihrer Gläubigen entzogen sind. Sehen und erkennen sind zwei sehr verschiedene Dinge, und eine der großen menschlichen Erkenntnisse wird in naher Zukunft die sein, daß Er allezeit unter uns weilte, und daß Er die Nutznießung und die

Besonderheiten der Zivilisation mit all ihren Errungenschaften mit uns teilte.

Die ersten Anzeichen für Sein und Seiner Jünger Nahen können schon jetzt von jenen wahrgenommen werden, die die Zeichen der Zeit bemerken und richtig deuten können. Ein solches Anzeichen ist zum Beispiel der geistige Zusammenschluß all derer, die ihre Mitmenschen lieben. Dieses Zu-einander-Finden ist in Wirklichkeit die Mobilisierung der irdischen Armee des Herrn der Welt, einer Armee, die keine anderen Waffen hat als die der Liebe, der rechten Rede und der rechten menschlichen Beziehungen. Unter den Nachwehen des Krieges hat diese unbekannte Organisation bewundernswert schnelle Fortschritte gemacht, weil die Menschheit des Hasses und der ewigen Zwistigkeiten wahrhaft überdrüssig ist.

Der Generalstab Christi ist bereits in Gestalt der Neuen Gruppe der Weltdiener wirksam tätig; sie bildet eine machtvolle Armee von Vorläufern, wie es immer der Fall war, bevor eine überragende Gestalt auf die Weltenbühne trat. Ihr Pionierwerk und Einfluß ist heute schon überall zu sehen und zu merken, und nichts kann ihre Errungenschaften zunichtemachen. Seit 1935 wurde ferner die geistige und organisierende Wirkung einer laut gesprochenen Invokation erprobt; die Energien dieses ‚Rufes zum Himmel‘ wurden in jene Kanäle geleitet, die von der Erde bis zu jener Hohen Stätte reichen, wo Christus weilt. Von dort aus werden diese Energien zu noch höheren Sphären weitergeleitet, von wo aus sich die Aufmerksamkeit des Herrn der Welt, des Alten der Tage, des Vaters aller sowie die schöpferischen Energien und großen Wesenheiten, die dort bei Ihm sind, auf die Menschheit konzentrieren und jene Schritte unternommen werden können, die schneller zur Verwirklichung der Absichten Gottes führen."[40]

Weiter lesen wir: „An diesem Aufbauwerk, das Christus im Auge hat, können wir tatkräftig mithelfen, wenn wir und alle, die wir erreichen können, uns mit folgenden Tatsachen vertraut machen:

1. Daß die Wiederkunft Christi nahe bevorsteht.
2. Daß wir durch Anerkennen Seines Erscheinens den in jedem Menschenherzen wohnenden Christus erwecken können.
3. Daß in den hl. Schriften der Welt die Umstände Seiner Rückkehr nur symbolisch dargestellt sind; diese Tatsache kann die vorgefaßten Meinungen der Menschen ganz wesentlich ändern.
4. Daß die wichtigste Vorbedingung Seines Kommens eine Welt des Friedens ist; dieser Frieden aber muß sich auf einem entwickelten Guten Willen gründen, der mit Notwendigkeit zu rechten menschlichen Beziehungen und daher auch – bildlich gesprochen – zur Errichtung von Lichtlinien zwischen Nationen, Religionen, Gruppen und von Mensch zu Mensch führen wird."[41]

Das Gebet, das eines der „ältesten jemals bekannten Gebete" sein soll, ist die sogenannte „Große Invokation", die sich zum ersten Mal in dem Werk von Alice Bailey abgedruckt findet, aus dem ich eben zitiert habe. Eine Merkwürdigkeit liegt hier allerdings vor: Das Gebet, das die Wiederkunft Christi herbeischwören soll, kann nicht älter sein als das Mysterium von Golgatha zur Zeitenwende. Außerdem wird gesagt, daß Christus selbst im Jahre 1945 entschieden hätte, wieder auf der Erde in einem physischen Leibe zu erscheinen. Wieso es dann schon seit langer Zeit ein Gebet gegeben haben kann, das diese Wiederkunft zum Inhalt hat und sie herbeirufen möchte, bleibt recht unerklärlich. Der Text der „Großen Invokation" lautet wie folgt:

The great Invocation

From the point of Light within the Mind of God
Let light stream forth into the minds of men.
Let Light descend on Earth.

From the point of Love within the Heart of God
Let love stream forth into the hearts of men.
May Christ return to Earth.

From the centre where the Will of God is known
Let purpose guide the little wills of men –
The purpose which the Master knows and serves.

From the centre which we call the race of men
Let the Plan of Love and Light work out.
And may it seal the door where evil dwells.

Let Light and Love and Power restore the Plan on Earth.

Die große Invokation

Aus dem Quell des Lichts im Denken Gottes
ströme Licht herab ins Menschen-Denken.
Es werde Licht auf Erden!

Aus dem Quell der Liebe im Herzen Gottes
ströme Liebe aus in alle Menschenherzen.
Möge Christus wiederkommen auf Erden!

Aus dem Zentrum, wo der Wille Gottes thront,
lenke plan-beseelte Kraft die kleinen Menschenwillen
zu dem Endziel, dem der Meister wissend dient!

Durch das Zentrum, das wir Menschheit nennen,
entfalte sich der Plan der Liebe und des Lichtes
und siegle zu die Tür zum Übel.

Mögen Licht und Liebe und Kraft
den Plan auf Erden wieder herstellen!"[42]

Diese „Große Invokation" wird von den Anhängern Baileys und Cremes immer wieder zu Zeiten, die eine spirituelle Bedeutung hätten, in großen Menschengruppen gemeinsam gesprochen. Sie dient diesen Menschen aber auch als Inhalt täglicher Meditation.

Am 16./17. August des Jahres 1987 soll sie von vielen tausend Menschen gesprochen worden sein, da diese Leute den Beginn des Wassermann-Zeitalters auf selbiges Datum legten. Der Beginn des Wassermann-Zeitalters ist auch in anthroposophischen Kreisen umstritten, allerdings nur für diejenigen, die sich noch nicht recht mit dem geisteswissenschaftlichen Studium, dem ersten Schritt zu geistiger *Erkenntnis*, angefreundet haben. Für Rudolf Steiner beginnt das Fische-Zeitalter im Jahre 1413, das Wassermann-Zeitalter 2160 Jahre später, also im Jahre 3573 n.Chr.

Was oder wer ist mit dem Namen „Maitreya-Buddha" gemeint?

Bereits bei der Beschreibung der Vorgänge um Krishnamurti wurde ein geistiger Titel immer wieder gebraucht: der „Lord Maitreya". Es entsteht hier der offenbar beabsichtigte Eindruck, es handele sich bei Christus und dem Maitreya um *eine* Wesenheit. Die Anthroposophie bezieht hier eine andere Position.

Rudolf Steiner hat nicht häufig über den „Maitreya-Buddha" gesprochen. Aus diesen wenigen Ausführungen wird jedoch deutlich, daß es sich bei dem Maitreya-Buddha um eine höchst eigenständige Wesenheit handelt. Ich zitiere hier der Deutlichkeit halber ausführlich:

„Christus ist eine so gewaltige Wesenheit, daß sie selbst für das höchste hellseherische Bewußtsein unerfaßlich bleibt. Wie hoch sich der Initiierte auch erheben mag, er begreift nur einen geringen Teil von ihm. Wir, die wir 2000 Jahre nach ihm leben, stehen erst im Anfang des Christus-Begreifens. Eine höhere Erkenntnis seines Wesens ist der Menschheit der Zukunft vorbehalten, wenn intimere Willensimpulse in ihr wachgerufen sein werden. Unsere ganze vorangehende Evolution war nur eine Vorbereitung zur Aufnahme des Christus-Prinzips, und weniger hohe Vorläufer hatten die Aufgabe, dieses Reifen der Menschenseelen zu leiten. Ebenso werden Nachfolger immer höhere Ideen und Gefühle den Menschenseelen einprägen und sie immer geeigneter machen, die göttliche Kraft in sich walten zu lassen. Jene hohen Leiter und Lehrer, welche ihre geistige Kraft im Dienste der Menschheit opfern und unsere Seelen erschließen, nennt man im Orient Bodhisattvas. Es sind Wesenheiten, erfüllt von Weisheit, und ihre Mission ist, Weisheit auszuströmen. Aus ihrer Reihe soll hervorgehoben werden derjenige, der 500 bis 600 Jahre vor Jesus lebte: Gautama Buddha, der große Buddha.

Um uns ein richtiges Bild von ihm zu machen, müssen wir an seine früheren Inkarnationen denken, in denen er als Bodhisattva auf Erden tätig war, wie deren viele im Laufe der Jahrtausende ins Leben der Menschheit eingegriffen haben und die etwas wie einen Chor bilden, dessen Glieder ein jedes seine bestimmte Mission hat, je nach dem Reifezustande der Menschheit.

Erst während seiner Inkarnation als indischer Königssohn Siddharta erhob er sich zur Stufe eines Buddha. Seine Mission war, die Lehre vom Mitleid und von der Liebe vorzubereiten. Man könnte einwenden, Christus habe dies getan – nein. Christus lehrte sie nicht nur; er flößte die Liebe und das Mitleid selbst in die Herzen der Menschheit ein.

Zwischen Buddhas Lehre und Christi Kraft ist ein Unterschied wie zwischen einem Kunstkenner vor einem Bilde Raffaels und Raffael selber. Darin besteht gerade der große Irrtum vieler, daß sie in Buddha den höchsten aller Geister in Menschengestalt sehen. Sie wissen nicht, daß derjenige, der 600 Jahre nach ihm sich in Jesus von Nazareth inkarnierte, die Inkarnation des Logos selber war. Buddha hatte den Impuls des Mitleidens und der Liebe vorzubereiten. Er bereitete die Seelen vor für das, was Christus bringen sollte. Im großen betrachtet ist sein Vorbereitungswerk das bedeutsamste, das je geleistet worden ist. Zum besseren Verständnis seiner Persönlichkeit müssen wir uns den Unterschied klarmachen zwischen einem Bodhisattva und einem Buddha. Nehmen wir unser hellsichtiges Auge zu Hilfe, so sehen wir, daß ein Bodhisattva ein menschliches Wesen ist, welches beständig mit der geistigen Welt verbunden ist und nicht ganz in der physischen Welt lebt. Seine Wesenheit ist gleichsam zu groß, um in einem menschlichen Körper Platz zu finden, nur ein Teil reicht bis in die irdische Hülle herab, der größere Teil bleibt in den höheren Welten. Der Bodhisattva ist infolgedessen stets im Zustande der Inspiration.

Als solch ein Wesen wurde Gautama Buddha geboren. Im neunundzwanzigsten Jahre erst wurde seine Erdenpersönlichkeit so stark, daß sie den höheren Teil in sich aufnehmen konnte. Der Legende nach ließ er sich auf seiner Wanderung unter einem Feigenbaum nieder und erhielt die Erleuchtung, die ihn zum Buddha machte. Er stieg auf zu einer höheren Würde, gemäß der Rangfolge, wie sie in der geistigen Welt herrscht. Ein anderer rückte gleichzeitig auf und nahm den von ihm verlassenen Platz ein. Sein Nachfolger in der Bodhisattvawürde waltet nun seines Amtes, bis er selbst die Buddhareife erlangt haben wird. Noch 3000 Jahre werden vergehen, dann wird er als Maitreya-Buddha sich unter den Menschen inkarnieren."[43]

Und über die zukünftige Aufgabe des Maitreya-Buddha spricht Rudolf Steiner an anderer Stelle die folgenden Worte:

„Die Bodhisattva-Inkarnationen, die jene des künftigen Maitreya-Buddha sind, treten in unbekannten Menschen auf. Diese wirken als einzelne

Menschen und durch ihre eigene Kraft. Es wird der Maitreya-Buddha auch wirken durch die eigene Kraft und entgegen der Meinung der tonangebenden Menschen. Unbekannt bleibt er in der Jugend. Und wenn er im dreißigsten Jahr hinopfern wird seine Individualität, dann wird er so auftreten, daß in seinen Worten moralisch wirken wird, was er sagt. Fünftausend Jahre, nachdem der Buddha unter dem Bodhibaume erleuchtet ward, wird auch sein Nachfolger zur Buddha-Würde aufsteigen und wird sein der Bringer des moralisch wirkenden Wortes. Jetzt sprechen wir: ,Im Urbeginn war das Wort'. Dann werden wir sagen dürfen: In dem Maitreya-Buddha ist uns der größte Lehrer gegeben, der da erschienen ist, um den Menschen das Christus-Ereignis in seinem vollen Umfang deutlich zu machen. – Das Eigentümliche an ihm wird sein, daß er, als der größte Lehrer, das erhabenste Wort bringen wird, das höchste Wort."[44]

Diese Ausführungen hielt Rudolf Steiner zu der Zeit, als die Geschehnisse um Jiddu Krishnamurti in vollem Gange waren. Er hatte also auch äußere Gründe, diese geistigen Zusammenhänge deutlich zu charakterisieren. Ich möchte die Ausführungen Rudolf Steiners hier nicht weiter kommentieren, beleuchten sie doch die Darstellungen zum Beispiel eines Benjamin Creme auf das deutlichste.

In der Zeitschrift *Share*, die von dem hinter den Vorgängen um Benjamin Creme stehenden Tara-Center herausgegeben wird, findet man unter der Überschrift „Wer ist der Maitreya?" die folgenden Erklärungen:

„Große Lehrer erscheinen in jeder neuen Zeit. Rama, Krishna, der Buddha und Mohammed sind einige dieser Lehrer oder Meister. Immer wieder und wieder, wenn die Zeit dazu reif geworden ist, erscheinen sie aufs neue, um uns den rechten Weg zu weisen. Sie sind die Führer einer Gruppe erleuchteter und vollkommener Menschen, die wir als die spirituelle Hierarchie der Meister der Weisheit kennen. An der Spitze dieser Gruppe steht der Meister der Meister, der Weltlehrer. In den letzten 2600 Jahren hatte der Maitreya diesen Rang inne. Er war es, der vor 2000 Jahren durch seinen Schüler Jesus in Palästina hindurchwirkte. Er ist derjenige, den die Christen seit langer Zeit erwarten.

Zur selben Zeit erwarten die Juden ihren Messias; die Muslims den Imam Mahdi; die Buddhisten warten auf ihren fünften Buddha; die Hindus auf die neue Inkarnation von Krishna.

In Wahrheit haben sie alle dieselbe Individualität im Bewußtsein: Maitreya, den Christus, den Weltlehrer, den neuen Buddha.

All diese Erwartungen haben sich jetzt erfüllt: Seit Juli 1977 ist Maitreya persönlich unter uns, um die Humanität (die Sache der Menschen; der Übers.) in eine neue Ära des Friedens hinüberzuleiten."[45]

Vom Boden der Geisteswissenschaft erweisen sich diese Aussagen als undifferenziert und falsch. Sie führen daher Menschen, die an die Worte Benjamin Cremes glauben, an dem spirituellen Weg vorbei, der in der heutigen Zeit so bitter nötig ist. – Die Geschehnisse um Cremes „Maitreya-Christus" dauern bis heute an.

Wie erscheint der Christus den Menschen?

Die Anthroposophie verkündet keine physische Wiederkunft Christi. Sie verweist auf die Wiedererscheinung Christi im Ätherischen. Darauf haben wir bereits hingewiesen. Die Geisteswissenschaft betont, daß die Anschauung, daß Christus im physischen Leibe wiedererscheint, die Menschen daran hindert, diejenigen spirituellen Kräfte zu entfalten, die zur Wahrnehmung der ätherischen Christuserscheinung notwendig sind.

Die Anschauungen Benjamin Cremes leisten eher dem Erscheinen antichristlicher Impulse Vorschub, von denen zu Beginn dieser Arbeit die Bibel spricht. Auch Rudolf Steiner hat immer wieder auf solche antichristlichen Kräfte hingewiesen.[46] Ein Beispiel, das in diesen Zusammenhang paßt, sei hier angeführt:

„Es wird eine Zeit kommen, wo man die Sache so auffassen wird, daß man den mächtigsten, den bedeutendsten dieser luziferischen Geister, der sozusagen die Menschen über sich selbst hinausführen wird wollen, auf den Schild erheben und für einen großen Menschenführer ansehen wird. Sprechen wird man: Ach, dasjenige, was der Christus hat geben können, war im Grunde genommen nur ein Durchgangspunkt! Jetzt schon gibt es Menschen, die so reden: Ach was sind eigentlich die Lehren der Evangelien! Wir sind schon über sie hinausgewachsen. – Wie gesagt, einen umfassenden, genialen Geist, einen hervorragenden Geist wird man aufzeigen, der Besitz ergreifen wird von einer menschlichen fleischlichen Natur, die er durchsetzt mit seiner Genialität. Man wird sagen: Der übertrifft ja den Christus, denn der Christus war im Grunde genommen nichts als der, welcher Gelegenheit gegeben hat, das vierte Prinzip auszubilden; jener aber gibt Gelegenheit, es während der Erdenentwickelung bis zum siebenten Prinzip zu bringen!

So werden der Christus-Geist und der Geist dieser Wesenheit einander gegenüberstehen: der Christus-Geist, von dem die Menschen werden hoffen können, den mächtigen makrokosmischen Impuls ihres vierten Prinzips zu erhalten, und der luziferische Geist, der in einer gewissen Beziehung sie darüber hinausführen wird wollen.

Wenn die Menschen dabei bleiben und sich sagen können: Wir müssen von den luziferischen Geistern nur dasjenige erlangen, zu dem wir so hinaufblicken, wie wir zu unserer niederen Natur hinunterblicken – so würden die Menschen recht tun. Indem aber die Menschen dazu kommen werden zu sagen: Seht, der Christus gibt nur das vierte Prinzip, da sind aber die Geister, die das sechste und siebente geben – da werden die Menschen, die dem Christus gegenüber so denken, anbeten und auf den Schild heben den Antichrist."[47]

Rudolf Hess, der Christus des Wassermann-Zeitalters?

Auch in rechtsradikalen Kreisen müssen wir in den letzten Jahren eine Tendenz zu spirituellen Begriffen konstatieren. Auf einer in diesen Kreisen seit einiger Zeit zirkulierenden Ton-Kassette, die eine Gedenkrede auf den verstorbenen Rudolf Hess beinhaltet, finden sich folgende Ausführungen, die wir hier nicht kommentieren wollen. Im FLENSBURGER HEFT Nr.32, „Anthroposophen und Nationalsozialismus", habe ich auf diese Kassette bereits hingewiesen.[48] Hier nun ein längerer Auszug dieser Gedenkrede, die so außergewöhnlich ist, daß sie in diesem Zusammenhang nicht unerwähnt bleiben soll:

Abendmahl
Harald Duwe, 1978
Tutzing, Evangelische Akademie. © VG Bild-Kunst, Bonn, 1992

„Er (R. Hess, A.W.) ist unbeirrbar seinen steinigen, dornenübersäten Weg bis zum bitteren Ende gegangen. Er hat sich nun zu den elf von Nürnberg als zwölfter zugesellt und damit das kabbalistische Soll erfüllt. (...)

Wir wissen aber auch, daß es in jeder neuaufsteigenden Zeit immer wieder Menschen gab, auf die sich das gestaltende Wollen dieser neuen Zeit wie in einem Brennglas konzentrierte. Jene Epoche, die jetzt im Weltenlauf in die Vergangenheit zurücksinkt, hat jene Gestalt, wie man auch religiös zu ihr stehen mag, eines Christus geprägt. Und so fragen wir nun: Hat auch die Zeit, an deren Neubeginn wir jetzt stehen und in die wir bereits hinüberwechseln, unsere Zeit, auch ihren ‚Christus'? Hat es uns nicht geradezu in all den letzten Jahren gezwungen, unseren Blick hier immer nach Spandau zu richten? Und ist es nicht eigenartig, daß Rudolf Hess gerade an jenem Tag verstarb, an dem, nach dem Wissen der Maya, dem wohl ältesten Kulturvolk auf dieser unserer Erde, mit dem Sonnenaufgang ein neues Zeitalter beginnt?

Ein uralter Kalender der Maya besagt, daß am 16. und 17. August des Jahres 1987 unserer Zeitrechnung die neun Götter der Unterwelt abtreten und die 13 Götter des Himmels die Herrschaft antreten. An diesen Tagen haben sich 144.000 geistig bewegte Menschen überall auf der Welt bei Sonnenaufgang zusammengefunden, auf vielen geheiligten Schlüsselplätzen der Erde, um die aufgehende Sonne zu begrüßen und die ab nun verstärkten kosmischen Strahlungen zu empfangen. Am Nachmittag, als sich die Sonne wieder zum Untergang rüstete, verlöschte auch das Leben von Rudolf Hess.

Ich selbst konnte noch folgendes rekapitulieren: Als ich am Abend aus dem Rundfunk die Nachricht vom Tode des Rudolf Hess erfuhr, in seiner Todesstunde, wie sie angegeben wurde, saß ich in meinem Arbeitszimmer am Schreibtisch, als hinter mir, mich erschreckend, vom vierten Bord meiner Bücherwand, ein 20 mal 28 Zentimeter großes Bild, das seit vielen Monaten dort steht, polternd zu Boden fiel. Es war das Bild des Königsknaben Konradin, des letzten Staufers, der ausgezogen war, als letzter seines Geschlechts das Reich zu retten, und ebenfalls zum Bauopfer wurde. Der Gedanke durchzuckte mich später, ob es nicht möglich sei, daß Rudolf Hess vielleicht sogar eine Inkarnation von Konradin war? (...)

Er gab sein Volk und sich selbst nicht dem Verrat preis. (...) Seine Gegner haben sich durch ihn längst ein Denkmal der Schande gesetzt. Durch ihn aber wird unser Volk leben. Er ist ausersehen, uns und die suchende Menschheit durch das zu geleiten in eine Zukunft, die wir ersehnen und um die wir uns nicht zu sorgen brauchen. Diese Zukunft ist kosmisches Gesetz, und ihm ist es übertragen, uns über die Schwelle der großen Wende in die neue Zeit hinüberzutragen. Auch was Rudolf Hess in Spandau verbrachte, ist kosmisches Geschehen. Durch ihn erfüllt sich einmal das Schicksal des deutschen Volkes. Man hat ihn getötet, aber das, gerade das, verfälscht nicht den Lauf der Dinge. (...) Sprechen wir den Namen Rudolf Hess hinfort nur noch in Ehrfurcht und Andacht aus, und tun wir das Unsre, damit wir uns dieses großen Mannes würdig erweisen. Begleiten wir ihn in die neue Zeit. Wir wissen: Kein Opfer ist verloren oder umsonst. Der ewige Lebensgrund bewahrt es treu."[49]

Ein eventuelles Lachen über den Inhalt sollte uns angesichts der derzeitigen politischen Situation in der Bundesrepublik Deutschland im Halse steckenbleiben! Auch in diesem Text wird als Beginn des „Neuen Zeitalters" der 16./17. August 1987 genannt.

Mit ein wenig Sensibilität kann man hier einen Kampf um die notwendigen spirituellen Vertiefungen wahrnehmen, der in unserer Zeit ausgetragen wird. Auch wer sich vielleicht innerlich belustigt, zurücklehnt und diese Dinge nicht ernstzunehmen imstande ist, wird zu diesem Kampf nichts Entscheidendes beizutragen haben. Das Wahrnehmen dieser Vorgänge kann durchaus ein innerer Schritt sein. Autoritätsgläubigkeit oder das Sich-Verlassen auf andere wird keines der heute herrschenden Probleme lösen können. Wer sich bemüht, zumindest diese Vorgänge wahrzunehmen, der beginnt, die Ausmaße dieses Kampfes zu ahnen, die ihm vorher ganz „okkult" waren. Es darf aber nicht vergessen werden, daß es hier um eine Auseinandersetzung geht, die jene Kräfte betreffen, welche der Welt nottun. Von Benjamin Creme oder auch von Rudolf hess haben wir hier sicher nichts Gutes zu erwarten.

Ich verweise zum Abschluß dieser Arbeit, die in keiner Weise eine Vollständigkeit vorgaukeln möchte, nochmals darauf, wie notwendig es ist, die Kräfte zu erwerben, die zum Wahrnehmen der Erscheinung Christi im Ätherischen vonnöten sind.[50] Die Fähigkeit zur *Erkenntnis* dieser Christuserscheinung haben wir bereits betont. Es ist gewissermaßen viel wichtiger, auf das Erwerben dieser Kräfte hinzuweisen als darauf, zu welchem Zeitpunkt die Erscheinung eintreten wird.

Vertiefen wir uns zum Schluß in die Darstellung *einer* Form dieser Christuserscheinung, wie sie von Rudolf Steiner mitgeteilt wurde:

„Daß eine gewisse Anzahl von Menschen den Äther-Christus sehen wird, das Ereignis von Damaskus haben wird, ist wahr. Aber es wird sich darum handeln, daß die Menschen lernen, den Moment zu betrachten, wo der Christus an sie herantritt. Es werden nur wenige Jahrzehnte vergehen, und für die Menschen, besonders der jugendlichen Jahre, wird der Fall eintreten – jetzt schon überall bereitet es sich vor –: Irgendein Mensch kommt da oder dorthin, dieses oder jenes erlebt er. Wenn er nur wirklich das Auge durch Beschäftigung mit der Anthroposophie geschärft hätte, könnte er schon bemerken, daß plötzlich um ihn irgend jemand ist, kommt, um zu helfen, ihn auf dieses oder jenes aufmerksam zu machen: daß ihm der Christus gegenübertritt – er aber glaubt, irgendein physischer Mensch sei da. Aber daran wird er merken, daß es ein übersinnliches Wesen ist, daß es sogleich verschwindet. Gar mancher wird erleben, wenn er gedrückten Herzen, leidbelastet, still in seinem Zimmer sitzt und nicht aus noch ein weiß, daß die Tür geöffnet wird: Der ätherische Christus wird erscheinen und wird Trostesworte zu ihm sprechen. Ein lebendiger Trostbringer wird der Christus für die Menschen werden! Mag es auch heute noch grotesk erscheinen, aber wahr ist es doch, daß manchmal, wenn die Menschen zusammensitzen, nicht ein noch aus wissen, und auch wenn größere Menschenmengen zusammensitzen und warten: daß sie dann den ätherischen Christus sehen werden! Da wird er selber sein, wird beratschlagen, wird sein Wort auch in Versammlungen hineinwerfen. Diesen Zeiten gehen wir durchaus entgegen. Das ist das Positive, dasjenige, was als positives aufbauendes Element in die Menschheitsentwickelung eingreifen wird."[51]

Anmerkungen:

1. Matthäusevangelium 24,3–42. Die Bibel oder Die ganze Heilige Schrift des Alten und Neuen Testaments. Nach dem 1912 vom Deutschen Evangelischen Kirchenausschuß genehmigten Text. Stuttgart 1964
2. Frankfurter Allgemeine Zeitung, 19.02.1986
3. Mary Lutyens: Krishnamurti. München 1981
4. ebd., S.63
5. ebd., S.64
6. Zit. nach: Eugène Lévy: Mrs. Annie Besant und die Krisis in der Theosophischen Gesellschaft. Berlin 1913, S.90
7. ebd., S.91
8. ebd., S.91 f.
9. ebd., S.94
10. ebd.
11. ebd., S.97
12. Alexander Strakosch: Lebenswege mit Rudolf Steiner. Strasbourg/Zürich 1947, S.101
13. Rudolf Steiner: Das Ereignis der Christus-Erscheinung in der ätherischen Welt. GA 118, Dornach ²1977, 18.04.1910, S.156 f.
14. ebd., 06.03.1910, S.125
15. Arfst Wagner: Anthroposophen und Nationalsozialismus – Probleme der Vergangenheit und Gegenwart (Teil I), in: FLENSBURGER HEFTE Nr.32: Anthroposophen und Nationalsozialismus. Flensburg 1991, S.68; sowie ebd.: Christoph Lindenberg: Hitler stieß in das Vakuum, S.140
16. Rudolf Steiner: Das Ereignis der Christus-Erscheinung in der ätherischen Welt. A.a.O., 25.01.1910, S.25
17. ebd., 10.05.1910, S.157 f.
18. Rudolf Steiner: Die okkulte Bewegung im 19. Jahrhundert. GA 254, Dornach ³1969, 17.10.1915, S.74 f.
19. Lutyens: a.a.O., S.249 f.
20. Aus: The Hindu (Benares?), 04.04.1913, S.9

21. The Link, in: The Hindu, 27.03.1913

22. The Link, August 1912, in: The Hindu, 27.03.1913

23. Lutyens: a.a.O., S.230

24. ebd., S.263

25. ebd.

26. ebd.

27. ebd.

28. R. Landau: God is my Adventure. London 1935, S.104

29. Lutyens: a.a.O., S.287

30. ebd., S.293

31. ebd., S.316

32. ebd., S.317 ff.

33. Zwei Werke aus den letzten Lebensjahren Jiddu Krishnamurtis: Jenseits der Gewalt. Frankfurt/M. 1979. Und: Einbruch in die Freiheit. Frankfurt/M. 1979

34. Rudolf Steiner: Zeitgeschichtliche Betrachtungen. Band II. GA 174, Dornach ²1982, 22.01. 1917, S.232f.

35. Rudolf Steiner: Wie erlangt man Erkenntnisse der höheren Welten? (GA 10) Berlin 1922, S.6 und S.8

36. Frankfurter Allgemeine Zeitung, 24.04.1982

37. Hans-Diedrich Fuhlendorf: Rückkehr zum Paradies oder Erbauen des Neuen Jerusalem? Flensburg 1992

38. Materialdienst der Evangelischen Zentralstelle für Weltanschauungsfragen. Heft 6/1982, S.162 ff.

39. ebd.

40. Alice A. Bailey: Die Wiederkunft Christi. Lorch 1954

41. ebd., S.61

42. ebd., S.198 f.

43. Rudolf Steiner: Das Ereignis der Christus-Erscheinung in der ätherischen Welt. A.a.O., 13.04.1910, S.218 f.

44. Rudolf Steiner: Das esoterische Christentum und die geistige Führung der Menschheit. GA 130, Dornach ²1977, 19.09.1911, S.40 f.

45. Aus: Share. Dezember 1981, S.1

46. Siehe dazu: Hans-Werner Schroeder: Das Jahrhundertende und die Inkarnation Ahrimans. Und: Die Inkarnation Ahrimans und die Asuras. Und: Soradt und das Jahrhundertende. In: Rolf Tschanz (Hg.): Vom Christuswirken in der Gegenwart. Dornach 1991
Auch: J.W. Ernst: Das Schicksal unserer Zivilisation und die kommende Kultur des 21. Jahrhunderts. Schaffhausen ²1987

47. Rudolf Steiner: Das esoterische Christentum. A.a.O., 09.01.1912, S.218

48. Arfst Wagner: Anthroposophen und Nationalsozialismus. A.a.O., S.17

49. Arfst Wagner: Ein Messias des Wassermann-Zeitalters? In: Wege zur Erarbeitung der Anthroposophie. Freiburg/Br. 1992, Heft 5/92, S.27 f.

50. Siehe dazu besonders die Ausführungen Rudolf Steiners über die von ihm so genannten drei okkulten Fähigkeiten. In: Rudolf Steiner: Die soziale Grundforderung unserer Zeit – In geänderter Zeitlage. GA 186, Dornach ²1979, 01.12.1918; sowie FLENSBURGER HEFTE Nr.34, „Alte und neue Seelenfähigkeiten", Flensburg 1991

51. Rudolf Steiner: Das esoterische Christentum. A.a.O., 01.10.1911, S.94

„Christus Jesus, der Sohn Marias"

DAS JESUSBILD DES ISLAM

Frank Linde

Wenn im folgenden der Versuch unternommen wird, das Jesusbild des Islam darzustellen, sollten wir uns darüber im klaren sein, daß wir uns damit einem sehr begrenzten Inhalt islamischen Glaubens zuwenden. Dieser Beitrag kann und will keine Einführung in den Islam sein, der Leser sei dazu zum Beispiel auf die im Text genannten Werke von Muhammad Salim Abdullah und Adel Th. Khoury verwiesen. Zur Beurteilung der gegenwärtigen Lage des modernen Islam seien ferner die Werke von Bassam Tibi empfohlen.

Die Frage, welches Bild sich ein Muslim über denjenigen macht, der im Koran „Christus Jesus, der Sohn Marias" genannt wird, soll anhand der Aussagen des Korans beantwortet werden. Im Anschluß daran wird die Darstellung durch einen Wortlaut Rudolf Steiners über die Jesusauffassung des Korans ergänzt.

Der letzte Teil enthält einige Auszüge aus dem Kapitel „Endzeiterwartungen im Islam", das Hans-Diedrich Fuhlendorf in seinem Buch „Rückkehr zum Paradies oder Erbauen des Neuen Jerusalem?" behandelt – ein Thema, das uns zwar von dem Jesusbild des Islam abführt, aber in Hinblick auf das Anliegen der vorliegenden Ausgabe der FLENSBURGER HEFTE Beachtung verdient. – Zum Verständnis des Stellenwertes, den die Aussagen des Korans für Muslime einnehmen, seien einleitend einige grundsätzliche Bemerkungen vorangestellt.

Der Koran – „die letztgültige Autorität, das Wort Gottes"

Der Islam ist die jüngste der drei im biblischen Umfeld entstandenen Weltreligionen. „Islam" bedeutet „Hingabe", „sich vollständig hingeben", und derjenige, der diese Hingabe zeigt, ist der „Muslim", „der sich vollständig Hingebende" (vgl. Fuhlendorf, S.105). Islam ist somit die Religion der vollständigen Hingabe an Gott. Sie nahm in der Nacht des 27. Ramadantages im Jahre 610 n. Chr. ihren Anfang.

In dieser „Nacht der Bestimmung" (Sure 97) erfolgte nach dem Koran und der islamischen Tradition die Berufung Mohammeds (570–632) zum Propheten. In einer Höhle am Berge Hira in der Nähe von Mekka wurde Mohammed von Visionen überkommen. Ein Engel (Gabriel) forderte ihn auf, zu lesen und die Botschaft Gottes an die Menschen zu verkünden (siehe hierzu: Abdullah, S.23 ff.; Khoury, S.77 ff.). Die Hauptinhalte der ersten Verkündigungen waren Warnungen vor dem bevorstehenden Gericht Gottes, dem Jüngsten Gericht, und die Aufforderung zur Umkehr und zum konsequenten Glauben an Gott (vgl. zum Beispiel Suren 99, 87, 82). Die vollständige Offenbarung – der in 114 Suren gegliederte Koran – ist Mohammed im Laufe von 23 Jahren, also bis zu seinem Tode, nach und nach verkündet worden. Nach der Überzeugung des Propheten Mohammed hat der Koran schon immer im Himmel existiert. Er sei ihm als ein arabischer Koran geoffenbart worden und gilt somit als Abbild einer ewigen Urschrift der Offenbarung, die bei Gott selbst aufbewahrt wird. In Sure 43 heißt es:

„Beim deutlichen Buch! Wir haben es zu einem arabischen Koran gemacht, auf daß ihr verständig werdet. Er ist aufgezeichnet in der Urnorm des Buches bei Uns, erhaben und weise." (Sure 43,2–4)

Der Koran ist die Hauptquelle des islamischen Glaubens; er enthält „Rechtleitung" für die Menschen; die in ihm enthaltenen Predigten, Ermahnungen und Vorschriften sind in ihrer Gesamtheit die Richtschnur, nach der die Menschen den rechten Weg zu Gott finden und ihr Leben nach Gottes Willen gestalten können.

Die zweite Hauptquelle, dies sei nur erwähnt, ist die Sunna, die Tradition. Sie umfaßt die vorbildliche Handlungsweise des Propheten Mohammed – seine in den Hadithen schriftlich fixierten Textauslegungen, Aussprüche und Gebräuche –, die den gläubigen Muslimen als Vorbild und nachzueiferndes Beispiel gilt. Das eigentliche Ziel des irdischen Daseins ist die „Vereinigung der gläubigen Menschen mit Gott" (Abdullah, S.30). Über die Bedeutung des Korans für die Muslime schreibt Abdullah:

„Der Koran ist für die Moslems die Urnorm des Gesetzes, die primäre Wirklichkeit des Islam. Er ist nicht nur die Verdichtung aller Lehren des Propheten, aus der ein breiter Strom von Traditionen gespeist wird, sondern vor allem die letztgültige Autorität, das Wort Gottes (kalimat Allah) durch den Mund des Propheten, das den Islam begründet." (Abdullah, S.28)

Aus dem Stellenwert, der dem Koran als „letztgültige Autorität" und „Wort Gottes" beigemessen wird, ergibt sich für das Selbstverständnis der Muslime, daß nur der Islam die vollständige göttliche Offenbarung sei.

Die jüdische und die christliche Religion verfügten ebenfalls über ein von Gott stammendes Wissen, wie es in Thora und Evangelium enthalten ist; diese werden ausdrücklich anerkannt, jedoch als unvollständige Offenbarung angesehen. Sein vollständiges Wissen habe Gott ausschließlich seinem Gesandten Mohammed geoffenbart (siehe Tibi 1992, S.80). Das gilt auch in bezug auf die Stellen, an denen sich der Koran über „Christus Jesus", den „Sohn Marias" äußert. Für unser Thema bedeutet dies, daß der Islam

1. die göttliche Sendung Jesu und seines Wirkens anerkennt, und
2. auf dem Glauben gründet, daß der Koran darüber die letztgültige Wahrheit sagt, auch dann, wenn er christlichen Auffassungen widerspricht.

„Gott ist doch ein einziger Gott" – „Er hat nicht gezeugt"

Der Islam lehrt einen strengen Monotheismus, er ist die „Grundfeste des islamischen Glaubens" (Khoury, S.107). An unzähligen Stellen wird der Muslim durch den Koran dazu aufgefordert, sich dem „Einzigen" hinzuwenden. Sure 112, „Der aufrichtige Glaube", spricht es in kurzer klarer Form aus:

„Sprich: Er ist Gott, ein Einziger, Gott, der Undurchdringliche. Er hat nicht gezeugt, und Er ist nicht gezeugt worden, und niemand ist ihm ebenbürtig." (Sure 112,1–4)

In seiner entschiedenen Ablehnung eines jeden Polytheismus wendet sich der Islam auch gegen die christliche Auffassung von der Gottessohnschaft des Christus – „Er hat nicht gezeugt". An mehreren Stellen geht der Koran darauf ein.

„Und die Christen sagen: ‚Christus ist Gottes Sohn.' Das ist ihre Rede aus ihrem eigenen Munde. Damit reden sie wie die, die vorher ungläubig waren. Gott bekämpfe sie! Wie leicht lassen sie sich doch abwenden! Sie nahmen sich ihre Gelehrten und ihre Mönche zu Herren neben Gott, sowie auch Christus, den Sohn Marias. Dabei wurde ihnen doch nur befohlen, einem einzigen Gott zu dienen. Es gibt keinen Gott außer Ihm. Preis sei Ihm! Erhaben ist Er über das, was sie (Ihm) beigesellen." (Sure 143,30–31; vgl. Sure 5,17)

Wenn die Christen dem einzigen Gott einen Sohn „beigesellen", dann sei das „ihre Rede aus ihrem eigenen Munde". Jesus selbst habe den Menschen dieses nicht gelehrt; er wird darüber auch befragt und gibt eine klar verneinende Antwort:

„Und als Gott sprach: ‚O Jesus, Sohn Marias, warst du es, der zu den Menschen sagte: ‚Nehmt euch neben Gott mich und meine Mutter zu Göttern'?' Er sagte: ‚Preis sei Dir! Es steht mir nicht zu, etwas zu sagen, wozu ich kein Recht habe. Hätte ich es gesagt, dann wüßtest Du es. Du weißt, was in meinem Inneren ist, ich aber weiß nicht, was in deinem Inneren ist. Du bist der, der die unsichtbaren Dinge alle weiß. Ich habe ihnen nichts anderes gesagt als das, was Du mir befohlen hast, nämlich: ‚Dienet Gott, meinem Herrn und eurem Herrn.' Ich war Zeuge über sie, solange ich unter ihnen weilte. Als Du mich abberufen hast, warst Du der Wächter über sie. Und Du bist über alle Dinge Zeuge. Wenn Du sie peinigst, so sind sie deine Diener. Wenn Du ihnen vergibst, so bist Du der Mächtige, der Weise.'" (Sure 5,116–118)

Ebenso deutlich wird die Trinität zurückgewiesen. In Sure 4, Vers 171 heißt es:

„O ihr Leute des Buches, übertreibt nicht in eurer Religion und sagt über Gott nur die Wahrheit. Christus Jesus, der Sohn Marias, ist doch nur der Gesandte Gottes und sein Wort, das er zu Maria hinüberbrachte, und ein

Geist von Ihm. So glaubt an Gott und seine Gesandten. Und sagt nicht: Drei. Hört auf, das ist besser für euch. Gott ist doch ein einziger Gott. Gepriesen sei Er und erhaben darüber, daß Er ein Kind habe." (Sure 4,171)

Und an anderer Stelle: „Ungläubig sind diejenigen, die sagen: ‚Gott ist Christus, der Sohn Marias', wo doch Christus gesagt hat: ‚O ihr Kinder Israels, dienet Gott, meinem Herrn und eurem Herrn.' ... Ungläubig sind diejenigen, die sagen: ‚Gott ist der Dritte von dreien', wo es doch keinen Gott gibt außer einem einzigen Gott." (Sure 5,72–73)

Wenn es aber in Sure 5, Vers 116 heißt, „O Jesus, Sohn Marias, warst du es, der zu den Menschen sagte: ‚Nehmt euch neben Gott mich und meine Mutter zu Göttern'?", so erhebt sich die Frage, gegen welche trinitarische Formel sich der Koran eigentlich wendet. Diese Frage hat Abdullah in seinem Buch behandelt. Unter Hinweis auf die entsprechenden Koranstellen führt er als Ergebnis aus, „... daß die heilige Schrift des Islam sich nicht gegen den christlichen Glaubenssatz ‚Vater – Sohn – Heiliger Geist' (also die Trinität) wendet, er bekämpft vielmehr die Formel ‚Vater – Mutter (Maria) – Sohn', den Tritheismus, der zu Zeiten des Propheten Mohammad unter den Christen Arabiens weit verbreitet war. Im Tritheismus sieht der Islam einen Rückfall in die Vielgötterei und einen Angriff auf den von ihm verkündeten Monotheismus." (Abdullah, S.143)

Abdullah schildert weiter, daß der Koran an dieser Stelle auf die Lehre der Monophysiten ziele, bemerkt aber auch kritisch, daß die abendländische Trinitätsformel nicht von Beginn der Kirchengeschichte an für alle Christen verbindlich bestanden habe. Abschließend betont er, daß diese im Islam noch nicht andiskutiert worden sei:

„Nochmals: Der Koran verurteilt nicht die Christen schlechthin als Ungläubige oder Polytheisten, sondern bestimmte christliche Häresien und deren theologische Bekenntnisformel: den Tritheismus. Die Trinitätsformel der abendländischen Kirche ist im Islam noch nicht andiskutiert worden, allenfalls mit ungeeigneten Denkschablonen, die allerdings leider von der christlichen Seite nur allzu gerne aufgenommen worden sind, um die Polemik gegen den Islam anzuheizen.

Inwieweit diese Offenheit in Zukunft dem Dialog neue Impulse zu geben vermag, kann allerdings erst dann abgeschätzt werden, wenn die islamische Theologie die Herausforderung angenommen hat, wenn die Polemik beendet wird, wenn der Christ sich in dem, was der Moslem über ihn sagt, und der Moslem in dem, was der Christ über ihn sagt, wiedererkennt (Gardet)." (Abdullah, S.145)

Muhammad Salim Abdullah ist Vertreter des Islamischen Weltkongresses in der Bundesrepublik Deutschland und bei den Vereinten Nationen und Mitglied des Exekutivrates des Kongresses in Karachi. Er gehört zu denen, die seit Jahren für den Dialog zwischen Muslimen und Christen eintreten. – Im Zusammenhang mit der Frage nach der Trinität sei noch darauf hingewiesen, daß die islamische Theologie davon ausgeht, daß die ursprünglich von Jesus verkündete Lehre in der nachfolgenden Zeit verfälscht worden sei; die christologischen Lehren des paulinischen Christentums stammen danach nicht von Jesus selbst, sondern sind erst später als Bekenntnis der Kirche bzw. der christlichen Gemeinde formuliert worden (siehe Abdullah, S.144. Die damit zusammenhängenden Fragen und Probleme können hier nicht weiter behandelt werden; siehe dazu Khoury in dem Kapitel „Christen und Muslime", S.219 ff., und Abdullah, 9. Kapitel, „Der neue Mensch – Gottes Wort über Jesus im Koran", S.135 ff.).

Was bedeutet der Name „Christus Jesus, der Sohn Marias"?

Wenn der Koran Christus nicht als göttliches Wesen, als den Sohn des Vatergottes, anerkennt und Jesus als „Gesandten" Gottes darstellt, was bedeutet dann die Bezeichnung „Christus Jesus, der Sohn Marias", die in der Übersetzung des Korans an mehreren Stellen zu finden ist? Diese Frage beleuchtet Fuhlendorf unter Hinweis auf den sprachlichen Ursprung des Wortes Christus:

„Warum verwendet der Übersetzer das Wort Christus? Ist das nicht ein schlimmer Irrtum, da doch der Islam das Christuswesen nicht kennt? Um das Christuswesen handelt es sich hier aber nicht, es wird also nicht der Jesus als Träger des Christuswesens bezeichnet. Gehen wir auf das Sprachliche ein, um zu einem Verständnis des Wortlauts zu kommen. Das Wort *christos* ist das Partizip der Vergangenheit des griechischen Zeitworts *chriein* = salben, als Hauptwort also der Gesalbte. *Christos/Christus* ist die Übersetzung des hebräischen Wortes *maschiach*, das wir in unserer Sprache als das griechisch-kirchenlateinische Wort *messias* haben; also deutsch: der Gesalbte; griechisch: Christos/Christus; griechisch-kirchenlateinisch: messias; hebräisch: maschiach. Die aramäische Form lautet *meschicha*. Im Koran (also im Arabischen) findet sich die Form *al-masih Isa*, dies bedeutet also: der *Messias Jesus* oder *Christus Jesus*. Es ist ganz unsicher, was Mohammed darunter verstanden hat." (Fuhlendorf, S.124)

Der Titel „Messias" taucht achtmal im Koran auf! (vgl. Abdullah, S.146)

Christus Jesus, der „Gesandte" Gottes –
Die Prophetengeschichte

Der muslimische Glaube schließt die Überzeugung ein, daß das geschichtliche Werden der Menschheit durch Prophetien geleitet wird. Gott habe seinen Propheten das göttliche Wissen geoffenbart, damit die Menschen ihr Leben im Sinne der göttlichen Führung ausrichten und gestalten können. Die göttliche Offenbarung reiche in ihren Anfängen bis in die Urzeit zurück.

„Nach der Vorstellung des Korans hat Gott einem jeden einzelnen Menschen den Grundgehalt der späteren prophetischen Verkündigung kundgetan, und zwar in einer Uroffenbarung: ‚Bin Ich nicht euer Herr? Sie sagten: Jawohl, wir bezeugen es‘ (7,172).“ (Khoury, S.84)

Nach dieser Vorstellung liegt in jedem Menschen eine Urahnung verborgen, die ihm die Existenz des höheren, göttlichen Wesens ahnen läßt. Doch könne der Mensch seinen Schöpfer, seinen göttlichen Ursprung vergessen und vom rechten Weg abkommen. Daher habe Gott im Laufe der Zeit seine Propheten zu den verschiedenen Völkern gesandt. Deren Sendung bestünde darin, die vergeßlichen Menschen und alle jene, die aus verschiedensten Gründen nicht zum Glauben an Gott und zum Gehorsam gegenüber Gottes Willen finden können, auf die „Zeichen Gottes in der Schöpfung hinzuweisen und an sein Wirken im Leben der Menschen und der Völker zu erinnern. (...) Grundsätzlich verkünden alle Propheten dieselbe Grundbotschaft: ‚Es gibt keinen Gott außer Mir, so dienet Mir!‘ (21,25; vgl. 16,36).“ (Khoury, S.84 f.)

Wie der Koran zeigt, hat die Prophetengeschichte besondere Höhepunkte erfahren, die mit den Namen Adam, Noah, Abraham, Moses und Jesus verbunden sind. An vielen Stellen bestätigt der Koran ausdrücklich die Sendung der Propheten. „Wir machen bei keinem von ihnen einen Unterschied“ (Sure 2,136).

Judentum und Christentum werden ausdrücklich als Einstiftungen Gottes anerkannt, sie sind „nach dem Zeugnis des Korans unaufgebbarer Teil des islamischen Heilsweges“ (Abdullah, S.137). So wird auch betont, daß Thora, Evangelium und Koran in einem inneren Zusammenhang stehen und sich nicht etwa widersprechen. In Sure 5 kommt dieser Zusammenhang deutlich zum Ausdruck:

„Wir haben die Tora hinabgesandt, in der Rechtleitung und Licht enthalten sind, damit die Propheten, die gottergeben waren, für die, die Juden sind, (danach) urteilen, und so auch die Rabbiner und die Gelehrten, aufgrund dessen, was ihnen vom Buche Gottes anvertraut wurde und worüber sie Zeugen waren. (...)

Und Wir ließen nach ihnen Jesus, den Sohn Marias, folgen, damit er bestätige, was von der Tora vor ihm vorhanden war. Und Wir ließen ihm das Evangelium zukommen, das Rechtleitung und Licht enthält und das bestätigt, was von der Tora vor ihm vorhanden war, und als Rechtleitung und Ermahnung für die Gottesfürchtigen. Die Leute des Evangeliums sollen nach dem urteilen, was Gott darin herabgesandt hat. Und diejenigen, die nicht nach dem urteilen, was Gott herabgesandt hat, das sind die Frevler.

Und Wir haben zu dir das Buch mit der Wahrheit hinabgesandt, damit es bestätige, was vom Buch vor ihm vorhanden war, und alles, was darin steht, fest in der Hand habe. Urteile nun zwischen ihnen nach dem, was Gott herabgesandt hat ...“ (Sure 5,44–48)

Mit der Offenbarung des Korans an den Propheten Mohammed ist nach islamischer Auffassung der Zyklus der Prophetie abgeschlossen. So wird Mohammed im Koran als das „Siegel der Propheten" bezeichnet (Sure 33,40). „Mohammed ist somit der letzte Prophet der Heilsgeschichte, der Abschluß der himmlischen Offenbarung, die mit Adam begann." (Abdullah, S.27)

Aus der bisherigen Darstellung ist ersichtlich, daß der Koran Jesus in eine Reihe mit den anderen Propheten stellt. Als Gottes „Diener" gilt er als der letzte Prophet vor Mohammed, als der „Erfüller des mosaischen Gesetzes, der den Weg frei macht für das neue, von Mohammad getragene Wort" (Abdullah, S.151). Jesus sei wie ein gewöhnlicher Mensch aufgetreten, er und seine Mutter pflegten „Speise zu essen" (Sure 5,75), doch sei er gegenüber anderen Menschen in besonderer Weise von Gott begnadet und bevorzugt. Jesus sei ein „Gesandter" Gottes und gehöre zu den Rechtschaffenen; in Sure 4,171 (siehe oben) wird er als „Wort" Gottes und als ein „Geist von Ihm" bezeichnet, Gott habe ihm die „deutlichen Zeichen" zukommen lassen und ihn mit dem „Geist der Heiligkeit" gestärkt. So sagt der Koran über Jesus:

„Er ist nichts als ein Diener, den Wir begnadet und zu einem Beispiel für die Kinder Israels gemacht haben." (Sure 43,59)

„Das sind die Gesandten. Wir haben die einen von ihnen vor den anderen bevorzugt. Unter ihnen sind welche, mit denen Gott gesprochen hat. Einige von ihnen hat Er um Rangstufen erhöht. Und Wir haben Jesus, dem Sohn Marias, die deutlichen Zeichen zukommen lassen und ihn mit dem Geist der Heiligkeit gestärkt." (Sure 2,253; vgl. auch Sure 6,85–86, und Sure 2,87)

Auch über Leben und Wirken Jesu weiß der Koran, wenn auch nur mit wenigen Hinweisen, zu berichten. Dazu seien entsprechende Aussagen gebracht. Auffallend ist besonders, wie ausführlich auf die Verkündigung an Maria und das Geburtsgeschehen eingegangen wird.

Verkündigung und Geburt Jesu

In überraschender Übereinstimmung mit dem ersten Kapitel des Lukasevangeliums unterstreicht der Koran die wundersamen Ereignisse, die mit der Geburt Johannes des Täufers und der Geburt Jesu verbunden sind. Die ausführlichste Darstellung dieser Ereignisse findet sich im ersten Teil der 19. Sure, die den Titel „Maria (Maryam)" trägt. Zunächst erfahren wir von der Verkündigung an Zacharias und der Geburt Johannes des Täufers:

„Zum Gedenken an die Barmherzigkeit deines Herrn zu seinem Diener Zakaria. Als er seinen Herrn im Verborgenen anrief. Er sagte: ‚Mein Herr, schwach ist mir das Gebein geworden und altersgrau das Haupt. Und ich war gewiß im Rufen zu Dir, mein Herr, nicht unglücklich. Ich fürchte die Verwandten nach mir, und meine Frau ist unfruchtbar. So schenke mir von Dir einen nahen Verwandten, der mich beerbt und von der Sippe Jakobs erbt, und mach ihn, mein Herr, (Dir) wohlgefällig.' ,O Zakaria, Wir verkünden dir einen Knaben, sein Name ist Yahya (Anm.: Johannes der Täufer), wie Wir zuvor noch niemanden gleich ihm genannt haben.' Er sagte: ,Mein Herr, wie soll ich einen Knaben haben, wo meine Frau unfruchtbar ist und ich vom hohen Alter einen Dürrezustand erreicht habe?' Er sprach: ,So wird es sein. Dein Herr spricht: Das ist Mir ein leichtes. Auch dich habe Ich vorher erschaffen, als du noch nichts warst.' Er sagte: ,Mein Herr, setze mir ein Zeichen.' Er sprach: ,Dein Zeichen ist, daß du, obwohl gesund, drei Nächte lang nicht zu den Menschen sprechen wirst.' Er kam zu seinen Leuten aus dem Tempel heraus und bedeutete ihnen: ,Preiset morgens und abends.' ,O Yahya, nimm das Buch mit aller Kraft.' Und Wir ließen ihm noch als Kind die Urteilskraft zukommen, und Mitgefühl von Uns und Lauterkeit. Er war gottesfürchtig und pietätvoll gegen seine Eltern, er war aber nicht ein widerspenstiger Gewaltherrscher. Und Friede sei über ihm am Tag, da er geboren wurde, und am Tag, da er stirbt, und am Tag, da er wieder zum Leben erweckt wird." (Sure 19,2–15)

Gleich anschließend wird die Verkündigung an Maria und die Geburt Jesu geschildert. Danach empfing Maria ihren Sohn durch einen göttlichen Schöpfungsakt; der Koran hält damit entschieden an der jungfräulichen Geburt Jesu fest!

„Und gedenke im Buch der Maria, als sie sich von ihren Angehörigen an einen östlichen Ort zurückzog. Sie nahm sich einen Vorhang vor ihnen. Da sandten Wir unseren Geist zu ihr. Er erschien ihr im Bildnis eines wohlgestalteten Menschen. Sie sagte: ,Ich suche beim Erbarmer Zuflucht vor dir, so du gottesfürchtig bist.' Er sagte: ,Ich bin der Bote deines Herrn, um dir einen lauteren Knaben zu schenken.' Sie sagte: ,Wie soll ich einen Knaben bekommen? Es hat mich doch kein Mensch berührt, und ich bin keine Hure.' Er sagte: ,So wird es sein. Dein Herr spricht: Das ist mir ein leichtes. Wir wollen ihn zu einem Zeichen für die Menschen und zu einer Barmherzigkeit von Uns machen. Und es ist eine beschlossene Sache.' So empfing sie ihn. Und sie zog sich mit ihm zu einem entlegenen Ort zurück. Die Wehen ließen sie zum Stamm der Palme gehen. Sie sagte: ,O wäre ich doch vorher gestorben und ganz und gar in Vergessenheit geraten!' Da rief er ihr von unten her zu: ,Sei nicht betrübt. Dein Herr hat unter dir Wasser fließen lassen. Und schüttle den Stamm der Palme gegen dich, so läßt sie frische, reife Datteln auf dich herunterfallen. Dann iß und trink und sei frohen Mutes. Und wenn du jemanden von den Menschen siehst, dann sag: Ich habe dem Erbarmer ein Fasten gelobt, so werde ich heute mit keinem Menschen reden.' Dann kam sie mit ihm zu ihrem Volk, indem sie ihn trug. Sie sagten: ,O Maria, du hast eine unerhörte Sache begangen. O Schwester

Aarons, nicht war dein Vater ein schlechter Mann, und nicht war deine Mutter eine Hure.' Sie zeigte auf ihn. Sie sagten: ‚Wie können wir mit dem reden, der noch ein Kind in der Wiege ist?' Er sagte: ‚Ich bin der Diener Gottes. Er ließ mir das Buch zukommen und machte mich zu einem Propheten. Und Er machte mich gesegnet, wo immer ich bin. Und Er trug mir auf, das Gebet und die Abgabe (zu erfüllen), solange ich lebe, und pietätvoll gegen meine Mutter zu sein. Und Er machte mich nicht zu einem unglückseligen Gewaltherrscher. Und Friede sei über mir am Tag, da ich geboren wurde, und am Tag, da ich sterbe, und am Tag, da ich wieder zum Leben erweckt werde.' Das ist Jesus, der Sohn Marias." (Sure 19,16–34)

Über diese Geburtsdarstellung des Korans äußerte sich Rudolf Steiner in einem Vortrag aus dem Jahre 1916, auf den ich später noch eingehen werde.

Zeichen und Wunderwirkungen Jesu

Das prophetische Wirken Jesu wird von Zeichen und Wundern begleitet, von denen der Koran an einigen Stellen berichtet. So kann Jesus mit Gottes Erlaubnis aus Ton einen Vogel erschaffen, Blinde und Aussätzige heilen und Tote wieder zum Leben erwecken.

„Und als Gott sprach: ‚O Jesus, Sohn Marias, gedenke meiner Gnade zu dir und zu deiner Mutter, als Ich dich mit dem Geist der Heiligkeit stärkte, so daß du zu den Menschen in der Wiege und als Erwachsener sprachst; und als Ich dich das Buch, die Weisheit, die Tora und das Evangelium lehrte; und als du aus Ton etwas wie eine Vogelgestalt mit meiner Erlaubnis schufest und dann hineinbliesest und es mit meiner Erlaubnis zu einem Vogel wurde; und als du Blinde und Aussätzige mit meiner Erlaubnis heiltest und Tote mit meiner Erlaubnis herauskommen ließest; und als Ich die Kinder Israels von dir zurückhielt, als du mit den deutlichen Zeichen zu ihnen kamst, worauf diejenigen von ihnen, die ungläubig waren, sagten: ‚Das ist nichts als eine offenkundige Zauberei.'" (Sure 5,110)

Sure 3 gibt eine entsprechende Darstellung; hier spricht Jesus:

„Ich komme zu euch mit einem Zeichen von eurem Herrn: Ich schaffe euch aus Ton etwas wie eine Vogelgestalt, dann blase ich hinein, und es wird zu einem Vogel mit Gottes Erlaubnis; und ich heile Blinde und Aussätzige und mache Tote wieder lebendig mit Gottes Erlaubnis; und ich tue euch kund, was ihr eßt und in euren Häusern aufspeichert. Darin ist für euch ein Zeichen, so ihr gläubig seid.'" (Sure 3,49)

Die schon mehrfach zitierte Sure 5 enthält im Anschluß an die oben beschriebenen Wunderwirkungen noch eine weitere wundersame Begebenheit. Da wird Jesus von seinen Jüngern gefragt, ob sein Herr ihnen einen Tisch vom Himmel herabsenden könne – diese Begebenheit hat der

Sure 5, die insgesamt 120 Verse umfaßt, ihren Namen verliehen: Sie ist mit „Der Tisch" überschrieben.

„Als die Jünger sagten: ‚O Jesus, Sohn Marias, kann dein Herr uns einen Tisch vom Himmel herabsenden?' Er sagte: ‚Fürchtet Gott, so ihr gläubig seid.' Sie sagten: ‚Wir wollen davon essen, so daß unsere Herzen Ruhe finden und daß wir wissen, daß du uns die Wahrheit gesagt hast, und daß wir zu denen gehören, die darüber Zeugnis geben.' Jesus, der Sohn Marias, sagte: ‚O Gott, unser Herr, sende auf uns einen Tisch vom Himmel herab, daß er für uns, für den ersten von uns und den letzten von uns, ein Fest sei, und ein Zeichen von Dir. Und versorge uns. Du bist der beste Versorger.' Gott sprach: ‚Ich werde ihn auf euch hinabsenden. Wer von euch hernach ungläubig wird, den werde Ich mit einer Pein peinigen, mit der Ich keinen von den Weltenbewohnern peinige.'" (Sure 5,112–115)

Die Erzählung dieses Wunders wird von dem Übersetzer, Adel Th. Khoury, mit einer Anmerkung versehen. Sie enthält die Frage: „Wird hier andeutungsweise Bezug genommen auf das Abendmahl (Evangelium: Mt 26,20–29; Mk 14,17–25; Lk 22,14–23) oder auch auf die Vision des Apostels Petrus in Joppe (Apg 10,9–16)?" Die genannten Bibelstellen mögen im Neuen Testament nachgelesen werden.

Was sagt der Koran über Kreuzigung, Tod und Auferstehung Jesu?

Da Jesus nach dem Koran weder Gottes Sohn noch eine eigenständige göttliche Wesenheit ist, kann es nach islamischem Verständnis zwangsläufig auch nicht das Todes- und Auferstehungsmysterium im christlichen Sinne geben. Der Koran geht aber durchaus auf die Geschehnisse um Jesu Tod ein, und zwar in einer Weise, die noch manche Fragen offen läßt. Rätselhaft erscheint die Darstellung in Sure 3. Hier verkündet Jesus seine Sendung; offenbar an die Juden gewandt heißt es dann: „Und (ich komme), das zu bestätigen, was von der Tora vor mir vorhanden war, und um euch einiges von dem zu erlauben, was euch verboten wurde. So komme ich zu euch mit einem Zeichen von eurem Herrn" (Sure 3,50). Jesus aber, so wird weiter gesagt, spürte Unglauben von ihrer Seite und fragte, wer seine „Helfer (auf dem Weg) zu Gott hin" seien. Nachdem die Jünger bezeugt hatten, sie seien die Helfer, fährt der Text mit geheimnisvollen Andeutungen über das bevorstehende Ende des Erdenlebens Jesu – „Gott schmiedete Ränke"! – und seiner Rückkehr am Ende der Zeiten fort:

„Sie schmiedeten Ränke, und Gott schmiedete Ränke. Gott ist der beste derer, die Ränke schmieden. Als Gott sprach: ‚O Jesus, Ich werde dich abberufen und zu Mir erheben und dich von denen, die ungläubig sind, rein machen. Und Ich werde diejenigen, die dir folgen, über die, die ungläubig sind, stellen bis zum Tag der Auferstehung. Dann wird zu Mir eure Rückkehr sein, und Ich werde zwischen euch über das urteilen, worüber ihr uneins waret." (Sure 3,54–55)

Aus Sure 4 erfahren wir, daß die ungläubigen Juden der Meinung gewesen seien, sie hätten Jesus am Kreuz getötet, daß aber sei eine Täuschung:

„... und weil sie sagten: ‚Wir haben Christus Jesus, den Sohn Marias, den Gesandten Gottes, getötet.' – Sie haben ihn aber nicht getötet, und sie haben ihn nicht gekreuzigt, sondern es erschien ihnen eine ihm ähnliche Gestalt. Diejenigen, die über ihn uneins sind, sind im Zweifel über ihn. Sie haben kein Wissen über ihn, außer daß sie Vermutungen folgen. Und sie haben ihn nicht mit Gewißheit getötet, sondern Gott hat ihn zu sich erhoben. Gott ist mächtig und weise. Und es gibt keinen unter den Leuten des Buches, der nicht noch vor seinem Tod an ihn glauben würde. Am Tag der Auferstehung wird er über sie Zeuge sein." (Sure 4,157–159)

Diese Koranstelle hat Anlaß zu vielen Diskussionen über den angeblichen Tod und die Kreuzigung Jesu gegeben. Khoury schreibt dazu:

„Es gab also nach der Aussage des Korans, wie sie von der überwältigenden Mehrheit der islamischen Kommentatoren interpretiert wird, keine Kreuzigung und keinen Tod am Kreuz, sondern eine Himmelfahrt Jesu. Ob er jedoch vor der Erhebung in den Himmel gestorben sei, darüber sind sich die Muslime nicht einig. Einige meinen, er sei nach der Errettung aus den Händen seiner Feinde gestorben und kurz danach wieder von den Toten erweckt und in den Himmel erhoben worden. Andere verlegen den Tod Jesu in die Endzeit: seine Himmelfahrt sei ohne vorherigen Tod erfolgt." (Khoury, S.91)

Über die Ereignisse am Kreuz herrschen unter den Kommentatoren, so Khoury, unterschiedliche Meinungen. War der ganze Vorgang eine Täuschung: „es erschien ihnen eine ihm ähnliche Gestalt"? Oder war tatsächlich jemand gekreuzigt worden, nicht aber Jesus: „Und sie haben ihn nicht mit Gewißheit getötet"? Wie diese Fragen auch beantwortet werden mögen, für den rechtgläubigen Muslim sind sie nicht von Belang, wie wir aus der folgenden Stellungnahme von Abdullah erfahren.

Vor dem Hintergrund dessen, daß Jesus nach dem Glaubensverständnis der Muslime ein Wegbereiter Mohammeds sei, welcher die neue, letztgültige Offenbarung gebracht habe, „ ist die oft verbissen geführte Diskussion um das Trinitäts- oder Tritheismusverständnis, um (Kreuzes-)Tod, Auferstehung, Himmelfahrt und Wiederkunft Jesu für einen rechtgläubigen Moslem zwar reizvoll, aber für seinen Glauben ohne Belang. Bereits Al-Ghazzali hat die Meinung vertreten, daß man die Kreuzigung als ‚wirkliche Kreuzigung' begreifen müsse, und die Al-Azhar Universität – die Lehrkanzel des Islam – hat erst 1972 durch die Fatwa ‚Raf' ‚Isa' deutlich gemacht, daß das, was der Koran bezüglich des Todes Jesu berichte, eine Verheißung Gottes sei, die dazu diene, Jesus zu verherrlichen und zu reinigen von den Anwürfen der Ungläubigen. Der Fatwa zufolge ist es für die Rechtgläubigkeit unerheblich, welcher Auffassung oder Auslegung man bezüglich der Kreuzigung, Himmelfahrt und Wiederkunft Jesu folgt.

In ‚The City of Wrong‘ schreibt Mohammad Kamil Hussain: ‚Die Idee einer Unterschiebung für Jesus ist eine ganz rohe Art, den Text des Korans zu interpretieren. Es war der breiten Masse eine Menge zu erklären. Heute glaubt jedoch kein gebildeter Moslem mehr daran. Der Text läuft darauf hinaus, daß die Juden zwar der Auffassung waren, sie hätten Jesus getötet; in Wirklichkeit aber nahm Gott ihn zu sich, in einer Art und Weise, die wir unerklärt lassen dürfen, wie mancherlei Mysterien, die wir allein aufgrund unseres Glaubens für erwiesen halten.‘

Dem möchte ich nichts mehr hinzufügen als das, daß ich Gottes Frieden und Segen über Jesus und seine gebenedeite Mutter Maria erflehe.“ (Abdullah, S.151 f.)

Bei allen offenen Fragen über die Darstellung der Ereignisse am Kreuz ist festzuhalten: Gott habe Jesus zu sich erhoben. – Einen Hinweis auf ein bevorstehendes Wirken Jesu beim Jüngsten Gericht erhalten wir durch den kurzen Vers: „Und er ist ein Erkennungszeichen für die Stunde (des Gerichts)“ (Sure 43,61). Damit kommen wir zu dem diesen Teil abschließenden Kapitel, das sich nicht auf Aussagen des Korans, sondern auf die islamische Überlieferung stützt.

„Der endzeitliche Kampf zwischen Jesus und dem Antichristen“

Unter der obigen Überschrift geht Fuhlendorf in dem Kapitel „Endzeiterwartungen im Islam“ auf die islamische Überlieferung ein, nach der es zu einem bestimmten Zeitpunkt zu einem entscheidenden Kampf zwischen „al-masih Isa und al-dadjal“, zwischen Jesus und dem Antichristen, kommt. Mit diesem Geschehen sind bestimmte Bilder einer „Endzeiterwartung“ verbunden. Bevor ich die entsprechende Darstellung zitiere, sei zum besseren Verständnis eine Erläuterung zu „Gog und Magog“ vorangestellt, die hier ein bestimmte Rolle spielen. Nachdem Fuhlendorf der Bedeutung von „Gog und Magog“ im Alten und Neuen Testament nachgegangen ist, wendet er sich entsprechenden Stellen des Korans (Sure 18,93–97, und Sure 21,95–99) und schließlich der islamischen Überlieferung zu.

„Gog und Magog sind nach den Schilderungen von den Vorgängen der Endzeit, die sich in den arabischen Quellen finden, zwei Völker, die aus dem Nordosten, wo sie in Abgeschlossenheit gelebt haben, in den letzten Tagen hervorbrechen und die ganze Welt im Süden heimsuchen werden, bis sie im Lande der Kinder Israel vernichtet werden. In der islamischen

Eschatologie wird dieses Bild mit dem Wiedererscheinen Isas auf Erden verknüpft. (...)

Nachdem Alexander den Wall (oder die Mauer), hinter dem Gog und Magog bis zu den letzten Tagen eingesperrt sein sollten, gebaut hatte, so erzählt man, versuchten sie jede Nacht einen Graben unter dem Wall auszuheben, um zu entkommen, und jede Nacht hörte man den Lärm ihrer Werkzeuge. Aber Allah deckte vor Morgengrauen wieder zu, was sie jede Nacht gegraben hatten.

In der islamischen Tradition wird weiter erzählt, daß Mohammed eines Tages eilends in das Zimmer einer seiner Frauen mit den Worten eingetreten sei: ‚So weit ist der Damm Gog und Magog aufgemacht worden‘, und er habe es mit Daumen und Zeigefinger gezeigt. Die Frau habe darauf geantwortet: ‚Werden wir denn umkommen, wo es doch so viele gute Leute gibt?‘ Er habe geantwortet: ‚Wehe, wenn das Böse um sich greift!‘" (Fuhlendorf, S.128)

Die Schilderung des endzeitlichen Kampfes zwischen Jesus und dem Antichristen lautet nach Fuhlendorf wie folgt:

„In der islamischen Überlieferung ist *al-dadjal* der große Verführer, dessen Wirkung auch darauf beruht, daß sein Reittier ein Esel ist, wie es auch im Matthäusevangelium heißt (21. Kapitel, Vers 1–5), daß Jesus, als sie sich Jerusalem näherten, zwei Jünger in ein Dorf voraussandte, wo sie eine Eselin angebunden finden würden und ein Füllen, damit sich das Prophetenwort erfüllen könnte:

‚Sagt der Tochter Zion: siehe, dein König kommt zu dir, sanftmütig und auf einer Eselin reitend, mit einem Füllen, dem Jungen des Lasttieres‘ (Is 62,11; Zach 9,9).

Zur Zeit, in der Gog und Magog (...) die sie umgebende Mauer durchbrechen würden, werde er auf einem Esel von gleicher Größe wie er selbst erscheinen, nur vierzig Tage werde seine Herrschaft dauern, während dieser Zeit werde er jedoch die ganze Erde von Osten nach Westen und vom Norden nach Süden durchstreifen. Dann aber werde *al-masih Isa* vom Himmel in das Heilige Land hinabsteigen, an einem Afik genannten Ort mit einer Lanze in der Hand erscheinen und mit dieser den *al-masih al-dadjal* töten. Darauf werde Isa zur Zeit des Morgengebets nach Jerusalem kommen und hinter dem Vorbeter entsprechend den Vorschriften Mohammeds das Gebet verrichten. Nach der Tötung des dadjal, so wird von manchen angenommen, werde niemand vom *ahl al-kitab*, vom ‚Volk der Schrift‘, also von den Christen und Juden, mehr übrig sein, der nicht an den Koran glaube. Somit werde es nur eine einzige Religion, nämlich den Islam geben. Der Zustand der allgemeinen Eintracht, der dann zwischen den Menschen herrsche, werde sich auch auf die Tiere erweitern und Isa werde noch vierzig Jahre auf Erden bleiben. Nach seinem Tode werde er in Medina neben Mohammed begraben." (Fuhlendorf, S.125 f.)

Zusammenfassend können wir sagen: „Christus Jesus, der Sohn Marias" ist nach dem Koran ein Gesandter Gottes, der letzte Prophet vor Mohammed; er sei nicht Gottes Sohn, sondern habe wie ein gewöhnlicher Mensch gelebt, jedoch in besonderer Weise von Gott begnadet. An der jungfräulichen Geburt Jesu wird festgehalten. Sein Erdenwirken wird mit Zeichen und Wundern, die er mit der Erlaubnis Gottes habe vollbringen können, verbunden. Am Ende seines Erdenwirkens habe Gott ihn zu sich erhoben. Er werde in der Endzeit eine bestimmte Rolle beim Jüngsten Gericht spielen und nach der Tradition einen endzeitlichen Kampf gegen den Antichristen führen, bevor er sterben und neben Mohammed begraben werde.

Rudolf Steiner über die Jesusauffassung des Korans

Am 16. Mai des Kriegsjahres 1916 hält Rudolf Steiner in Berlin einen Vortrag über „Die dem Geist widerstrebenden Kräfte. Grundwahrheiten des Christentums", der in dem Band GA 167 der Rudolf Steiner Gesamtausgabe, „Gegenwärtiges und Vergangenes im Menschengeiste", enthalten ist. Dieser Vortrag enthält bemerkenswerte Aussagen über die Jesusauffassung des Korans; es ist meines Wissens die einzige Stelle, an der sich Rudolf Steiner konkret zu einem bestimmten Inhalt der Koranoffenbarung und dem darauf ausgerichteten Glauben der Muslime äußert. Wir werden sehen, daß die Wesenheit des nathanischen Jesus dabei eine wichtige Rolle spielt. Zunächst heißt es zusammenfassend über die Erscheinung des Christus Jesus: „Wir mußten, meine lieben Freunde, alle drei Welten aufrufen, um die Erscheinung des Christus Jesus zu begreifen. Wir haben zuerst jenen Jesus, welcher in sich die Individualität des großen Zarathustra trägt. Der wächst heran bis zu seinem zwölften Jahre. Da verläßt er den Leib und geht hinüber in den Leib des anderen Jesus-Knaben, welcher eine Seele gebildet hat, die nicht mitgemacht hat die ganze Erdenentwickelung, sondern – ich habe es auseinandergesetzt – die zurückgeblieben ist gleichsam in der Substanz der Erden-Menschenseele, indem ein Teil hinuntergegangen ist in die Menschenleiber und ein Teil oben geblieben ist, der dann erst eingetreten ist in denjenigen Leib, den die zweite Maria geboren hat als den zweiten Jesus-Knaben. Und ich habe Sie darauf aufmerksam gemacht, daß uns die geisteswissenschaftliche Erkenntnis zeigt, wie dieser Jesus-Knabe gleich bei seiner Geburt – was der Mensch in der gegenwärtigen Zeit nicht kann – gesprochen hat, gesagt hat, was er ist. Mit der Seele des Zarathustra wächst dieser Jesus-Knabe heran, wird dreißig Jahre alt, und die Christus-Individualität inkarniert sich in ihm und lebt in diesem Leibe, der zubereitet ist von dem Geiste des großen Zarathustra, zubereitet ist von jener Seele, die nicht mitgemacht hat die Erdenentwickelung, sondern von der Erdenentwickelung zurückgeblieben ist in jener Zeit, wo die Erde noch nicht heruntergestiegen ist bis zu ihrer jetzigen Materialität. Die Christus-Individualität lebt nun drei Jahre in diesem Leibe. Drei Welten mußten wir aufrufen, um diese große Gestalt, diese größte Gestalt und dieses größte Ereignis in der Menschheitsentwickelung zu begreifen: Die höchsten geistigen Welten, aus denen der Christus herunterstieg, diejenige Welt, die da ist, bevor es eine Erde gab, und diejenige Welt, durch die sich die Menschen hindurch entwickelt haben, der der Zarathustra, zwar als eine vorzügliche Inkarnation, aber doch als eine gewöhnliche menschliche Inkarnation angehört." (Steiner, GA 167, S.240 f.)

Anschließend geht Rudolf Steiner auf die Jesusauffassung des Korans ein. Ohne diesen vorher als Quelle zu nennen, zitiert er wörtlich, mit eingestreuten Kommentaren, die längere Passage über die Verkündigung und Geburt Jesu aus der 19. Sure, „Maria". Wir haben gesehen, daß der Koran an der jungfräulichen Geburt Jesu festhält und schildert, daß Jesus gleich nach seiner Geburt gesprochen habe. Dieses Phänomen hebt Rudolf Steiner mit Nachdruck hervor, indem er betont, daß ein Muslim – er sagt hier Türke, doch bezieht sich dies zweifellos auf alle gläubigen Muslime –, der fest an den Koran und dessen Darstellung der Geburt Jesu glaube, mehr vom Christentum verstehe als mancher Mensch, der sich zwar Christ nenne, aber nichts mit den übernatürlichen Ereignissen der Geburt Jesu anzufangen wisse. Bemerkenswert an diesen Aussagen ist einmal die dem Ernst der Zeit abgerungene, scharfe Kritik einer materialistischen Evangeliendeutung, zum anderen die Offenheit gegenüber dem echten islamischen Glauben, dem sich ein Verständnis des nathanischen Jesusknaben eröffne.

„Nun, die Frage muß sich vor uns hinstellen: Können wir Menschen noch Christen nennen, die eigentlich sich auflehnen dagegen, den Christus so zu begreifen, wie er nun eigentlich in unserer Zeit begriffen werden muß?

Nehmen wir einmal an, es käme irgend jemand und würde sagen: Das von dem Jesus als dem Zarathustra, und dann wiederum von dem Jesus als dem, der des Menschen Seelensubstanz aufgenommen hat, bevor sie heruntergestiegen ist auf die Erde, das alles zu glauben widerspricht den Überzeugungen, die ich mir einmal aus meiner Weltanschauung heraus gebildet habe. Aber an dem einen halte ich fest, das gibt mir gerade meine Weltanschauung: daß auf eine übernatürliche Weise, nicht so, wie andere Menschen in die Welt treten, die Wesenheit, die in Jesus gelebt hat, in die Welt getreten ist, daß diese Wesenheit gleich bei ihrer Geburt gesprochen hat, was andere nicht tun, und auch vorausgesagt hat, daß sie nicht sterben werde auf dieselbe Weise wie andere Menschen. – Nehmen wir an, es käme ein Mensch, der sagte, er könnte das glauben. Da würden wir sagen: Nun ja, das Christentum hat sich eben verteilt auf die verschiedensten Weltanschauungsströmungen; dieser hat nur das von dem Christentum aufgenommen, was im Lukas-Evangelium angedeutet wird als der eine

Jesus-Knabe, der aus der nathanischen Linie des Hauses David abstammt. Nehmen wir an, es würde in einem religiösen Dokument gerade so etwas ausgedrückt werden, so würden wir sagen: Nun ja, der Glaube dessen, der das sagt, ist eben beeinflußt von der unklar gewordenen Tradition, die erst wiederum klar gemacht werden kann durch die Erkenntnis der Geisteswissenschaft von dem zweiten Jesus-Knaben. – Ich werde Ihnen ein solches religiöses Dokument vorlesen, das von Jesus handelt, und ich bitte Sie, selbst zu urteilen darüber, was dieses religiöse Dokument wert sein könnte." (Steiner, GA 167, S.243)

Es folgt der entsprechende Text aus der 19. Sure des Korans. Der Text ist oben in diesem Aufsatz nachzulesen und sei hier nicht ein weiteres Mal abgedruckt. Anschließend fährt Rudolf Steiner fort:

„So spricht diese Urkunde von dem Jesus, von dem in diesem Falle eben nur die eine Gestalt festgehalten wird. Können wir von dieser Urkunde nicht sagen: Derjenige, der ihr glaubt, glaubt wesentlich mehr als mancher, der sich in unserer Zeit nicht nur Christ nennt, sondern das Christentum von Amts wegen lehrt? Glaubt der, der an dieses Dokument fest glaubt, nicht viel mehr von dem Christentum, als ein solcher, der sich heute oftmals Lehrer des Christentums nennt? Und glauben Sie nicht, ich hätte Ihnen ein Dokument vorgelesen etwa – ich weiß nicht, ob Sie es kennen – , das von ein paar Leuten, von einer kleinen Sekte, als das wirkliche Zeugnis für ihren Glauben angesehen wird! Ich habe Ihnen aus dem Koran vorgelesen! Die 19. Sure aus dem Koran habe ich Ihnen vorgelesen, und jeder echte Türke glaubt soviel von Jesus, als in dieser 19. Sure des Korans steht. Damit aber ist uns der Beweis geliefert, daß zahlreiche von denen, die sich unter uns Christen nennen, von diesem Christentum nicht einmal soviel wissen und glauben, daß sie die Berechtigung hätten, sich Türken zu nennen. Man muß schon in unserer Zeit der Wahrheit ins Antlitz schauen. Wer nicht glauben kann, daß es sich um ein Ereignis handelt, das nur aus dem Geiste zu verstehen ist, der ist nicht einmal Türke, viel weniger ein Christ, und er sagt nicht die Wahrheit, wenn er sich einen Christen nennt. Er müßte wissen, daß ein Türke mehr vom Christentum glaubt als er selber." (Steiner, GA 167, S.246 f.)

Eine Woche später – es ist der nächste Vortrag in Berlin, 23. Mai 1916, der sich in dem Band GA 167 an den vorherigen anschließt – kommt Rudolf Steiner noch einmal auf diesen Punkt zurück. Es wird die bemerkenswerte Aussage gemacht, daß sich der Jesusbegriff des Korans in gewisser Beziehung „selbstverständlich, wie das aus gewissen Gründen sein muß", mit dem nathanischen Jesus decke! Über die angedeuteten Gründe erfahren wir zunächst nichts.

„Wenn man den Jesus-Begriff des Korans nimmt – das haben wir das letztemal gesehen –, so deckt er sich selbstverständlich, wie das aus bestimmten Gründen sein muß, in einer gewissen Beziehung mit dem nathanischen Jesus. Sogar dasjenige, was ich zu sagen genötigt war aus rein geisteswissenschaftlichen Voraussetzungen heraus: daß das nathanische Jesuskind sogleich bei seiner Geburt gesprochen hat, das finden Sie mitgeteilt im Koran. (...) Es wird in der Tat von vielen Seiten in unserer Mitte eine Lehre verkündet, die in bezug auf die Jesus-Auffassung nicht auf der Stufe steht, auf der die Jesus-Auffassung des Türken steht." (Steiner, GA 167, S.253 f.)

Gegen Ende des Vortrages geht es unter einem anderen Gesichtspunkt schließlich um die tiefere Bedeutung der Offenbarung des nathanischen Jesus im Koran, und zwar im Zusammenhang mit der „Prädestinationslehre" des Islam, dem „Kismet". Die Ausführungen werden in einem größeren Zusammenhang entwickelt, der hier nur mit wenigen Worten angedeutet werden kann. Es geht um einen wichtigen Übergang, der sich in der Menschheitsentwicklung in der Mitte der griechisch-lateinischen Kulturepoche vollzogen habe. Dieser Übergang wird dahingehend charakterisiert, daß die in früheren Zeiten noch vorhandene lebendige Einsicht in den Zusammenhang von Gut und Böse, die Einsicht in das Zusammenwirken von Luzifer und Ahriman – Rudolf Steiner zeigt dies am Beispiel der Lehre des Zarathustra –, verloren gegangen sei. Anstelle der alten Einsichten trat die Beurteilung des Lebens mit den Kräften des Verstandes. Dies aber bringe als notwendige Begleiterscheinung das Leben in Widersprüchen mit sich. Die Welt erschien in scheinbar unüberwindbaren Widersprüchen, und es erhob sich die Frage nach dem Guten und dem Bösen als eine der größten Rätselfragen des Lebens. Daran anknüpfend heißt es in bezug auf die Lehre vom „Kismet" (Rudolf Steiner verwendet hier noch das Wort „Mohammedaner". Man sollte bedenken, daß diese Bezeichnung von den Muslimen abgelehnt wird, denn nicht der Prophet Mohammed steht im Zentrum des Islam, sondern der Koran):

„Betrachten wir von diesem Gesichtspunkte aus einmal eine spätere Lehre, welche geradezu so charakterisiert werden kann, daß man sich innerhalb dieser Lehre, dieses Bekenntnisses, nicht mehr zu besinnen wußte auf die alte Zarathustra-Lehre. Es ist das die Lehre von der Prädestination und was bei den Mohammedanern damit zusammenhängt.

Bedenken Sie, diese Prädestinations-Lehre sagt auf der einen Seite ganz klar: Alles, was geschieht, ist vorausbestimmt, wie durch eine in der allerersten Urzeit vorhandene älteste Schrift ist alles im voraus beschrieben. Ich kann nicht einen Schritt vor meine Türe machen, ohne daß es im voraus bestimmt wäre. Wenn ich sterbe – vorausbestimmt! Alles streng vorausbestimmt! Das heißt, für das Bewußtsein des Mohammedaners ist es so, daß sich nichts für ihn vollzieht, was nicht streng vorgeschrieben ist im Buch des Gottes. Aber alle Augenblicke wird der Mohammedaner, wenn er von etwas spricht, was demnächst geschehen soll, und was er gerne hätte, daß es geschieht, so etwas sagen, das heißen würde im Deutschen: Nun, wenn

Gott es will! – Er ist zwar vollständig überzeugt davon, daß alles aufgeschrieben ist in dem Buch des Gottes, sagt aber von allem: Nun, wenn Gott
es will! – und wird nicht vergessen, bei den Dingen, die ihm nur irgendwie
bedeutsam erscheinen, diese Redensart zu gebrauchen: Wenn Gott es will.
Was sagt der abendländische Mensch dazu, was sagt der Mohammedaner
selbst, wenn er gefragt wird, wenn ihm zum Beispiel gesagt würde: Ja, sieh
einmal, du sagst, alles sei aufgeschrieben. Dann kann das doch keinen Sinn
haben, wenn du sagst: So Gott es will. Denn dann wird es ja nicht mehr
gewollt, dann ist es ja von allem Anfang an bestimmt. – Der Mohammedaner sagt, und der abendländische Mensch sagt: Das ist eben ein unlösbarer
Widerspruch, über das kommt man nicht hinweg." (Steiner, GA 167, 268 f.)

Dieser Widerspruch, so Rudolf Steiner weiter, sei aber nur einer von
vielen anderen Widersprüchen, nur greife dieser am meisten in das Leben
ein. Das bedeutet, daß es sich bei dem Widerspruch, der sich aus dem
„Kismet" ergibt, nicht um eine grundsätzlich negativ zu bewertende Erscheinung handelt: es *sollte* die Zeit der Widersprüche kommen, der Mensch
sollte durch die Widersprüche zu seinem „wahren inneren Leben" aufgesta-
chelt werden (siehe Steiner, GA 167, S.270). Es müsse der Menschheit aber
auch die Möglichkeit gegeben werden, über das Widerspruchsvolle hinaus-
zukommen. Anderenfalls würde die weitere Entwicklung des Verstandes-
und Vernunftlebens dazu führen, „daß der Mensch sich in seinen Widersprüchen verzehren würde seelisch, daß er seelisch zugrunde gehen würde
in den Widersprüchen" (Steiner, GA 167, S.270). Das Heilmittel gegen diese
Gefährdung sei mit dem nathanischen Jesus in die Menschheitsentwicklung
eingetreten. In der entsprechenden Darstellung sind im Hinblick auf unser
Thema besonders die Aussagen über das Religionsbekenntnis der Muslime
von Bedeutung: Gläubige Muslime haben den Widerspruch des „Kismet" in
sich, aber als Heilmittel sei ihnen „zugleich zugeflossen die Offenbarung
von dem nathanischen Jesus". Der Islam trage damit die Keime zu seiner
eigenen zukünftigen Entwicklung bereits in sich.

„Soll der Mensch wieder hinausgeführt werden über die Widersprüche,
was mußte denn da geschehen? Da mußte etwas, was zwar zur Erde
gehört, aber nicht die Erdenentwickelung der Menschheit mitgemacht hat,
in die Erdenentwickelung hereinkommen. Da mußte etwas hereinkommen,
was zurückgeblieben war in der alten lemurischen Zeit, als der Mensch
heruntersieg. Und dies ist ja doch gerade die Wesenheit des nathanischen
Jesus. Der nathanische Jesus ist gerade der, der den Menschen nahe steht,
weil er sozusagen zurückgeblieben ist und nicht mitgemacht hat die Erdenentwickelung, aber der eben wiederum von den menschlichen Widersprüchen frei ist aus dem Grunde, weil er zurückgeblieben ist und erst herein-
getreten ist, als die Menschen ihre Widerspruchs-Entwickelung bis zum
Gipfel gebracht hatten, bis zum vierten nachatlantischen Zeitraum. Da tritt
er auf als ein Heilmittel gegen den Widerspruch, der sich in der menschli-

chen Natur entwickeln muß, wenn die Menschheit durch die Erde durchgeht. Wahrhaftig, die Menschen müssen für ihre geistige Entwickelung dasjenige haben, was also in der Zarathustra-Kultur noch ein altes Erbstück ist; aber sie müssen zu dem etwas hinzubekommen, was sie nun auf der Erde als die Widerspruchsnatur erfahren. Daher mußte zu dem Zarathustra-Jesus, zu dem salomonischen Jesus, der nathanische Jesus hinzukommen. Und diejenigen, welche in ihrem übrigen Religionsbekenntnis diesen furchtbaren Widerspruch haben der Prädestination und des ‚Gott will es‘, wie die Mohammedaner, denen ist zugleich zugeflossen die Offenbarung von dem nathanischen Jesus. Haben sie soviel Entwickelungsfähigkeit, daß sie das einmal verstehen können, dann werden sie sich sagen: Wenn wir wiedererkennen die Natur desjenigen, der uns da geoffenbart ist im Koran, dann werden wir finden, wie sich Prädestination und ‚Gott will es‘ zusammenschließen.

In der gegenwärtigen Entwickelung ist der Mohammedaner noch nicht so weit; aber er hat die Entwickelungskeime doch in gewisser Beziehung in sich, das heißt, sie liegen da. Es ist nur im Keime. Aber die Christen sollten weiter sein. Die Christen sollten verstehen, was sie haben in dem Wesen, das durch das Mysterium von Golgatha gegangen ist, indem wirklich die Kräfte der Erdenentwickelung sich in ihm zusammengefunden haben. Sie sollten verstehen, daß das uralte Menschheitserbgut durch die Zarathustra-Natur gekommen ist, und daß eine unmittelbare Gabe des Menschlichen hereingekommen ist durch den nathanischen Jesus.

Bis hierher wollen wir zunächst diese Betrachtung führen. Sie sehen aber aus diesem wiederum, wie sich alles zusammenschließt. Sie sehen, wie die Dinge, die im Leben nebeneinander stehen, gut begründet nebeneinander stehen. Im Koran steht die Prädestination neben dem ‚Gott will es‘; aber dazu steht auch das Heilmittel da, der nathanische Jesus.“ (Steiner, GA 167, S.270 f.)

Mit diesen Ausführungen, die meines Erachtens genügend Anlaß geben, die weitverbreitete vorurteilsvolle und ablehnende Haltung gegenüber dem Islam auch unter diesem Gesichtspunkt neu zu überdenken, möchte ich die Darstellung über die Jesusauffassung des Korans abschließen. Wenden wir uns im Hinblick auf das Zentralereignis des 20. Jahrhunderts – das Ereignis der Christuserscheinung in der ätherischen Welt – zum Abschluß noch einem besonderen Aspekt islamischen Glaubens zu.

„Mahdi-Erwartungen“ – „Der verborgene Imam“

In dem bereits zitierten Buch „Rückkehr zum Paradies oder Erbauen des Neuen Jerusalem?“ geht Fuhlendorf unter vielem anderen auf die Endzeiterwartungen bei Juden, Christen und Muslimen ein. Aus der Fülle der für ein

Mitten unter euch ist einer,
den ihr nicht kennt
Franz Masereel

Verständnis der Zeitsituation überaus hilfreichen Darstellungen möchte ich am Schluß dieses Aufsatzes einige der Ausführungen aus dem Kapitel „Endzeiterwartungen im Islam" wiedergeben, das unter anderem die Unterkapitel „Mahdi-Erwartungen" und „Der verborgene Imam" enthält. Die damit angesprochenen Inhalte verdienen vor dem Hintergrund der Ereignisse, die Rudolf Steiner in Zusammenhang mit der Erscheinung Christi im Ätherischen beschreibt, meines Erachtens unsere besondere Aufmerksamkeit.

Sowohl für sunnitische als auch für schiitische Muslime spielt, wenn auch in verschiedener Weise, die Erwartung eines Mahdi eine bestimmte Rolle.

„Nach dem ‚Handwörterbuch des Islam' bedeutet *al-Mahdi* wörtlich ‚der Geleitete', und da alle Leitung, arabisch *huda*, von Allah ausgeht, hat dieses Wort die Bedeutung des unter göttlicher Leitung Stehenden angenommen, d.h. eines Menschen, der in einer ganz besonderen und individuellen Art von Allah gelenkt wird; denn im Sinne des Islam leitet Allah jedes Wesen.

Für die Schiiten bildet der Glaube an den Mahdi einen grundlegenden Bestandteil ihrer Glaubensüberzeugungen, für die Sunniten dagegen nicht. Diese erwarten zwar auch in der Endzeit einen letzten Wiederhersteller ihres Glaubens, er braucht aber nicht Mahdi genannt zu werden. Die Überzeugung, es werde inmitten von Kriegen, sozialen Erschütterungen, Sittenverfall, ein Befreier, ein Herbeiführer harmonischer Verhältnisse, ein Mahdi kommen, ist aber unter den in einfacheren Verhältnissen lebenden sunnitischen Muslimen tief verwurzelt." (Fuhlendorf, S.114 f.)

Das Erscheinen eines Mahdi werde für bestimmte herausragende Daten, zum Beispiel eine Jahrhundertwende, vorausgesagt. An dem Tage der Wende vom 14. zum 15. Jahrhundert islamischer Zeitrechnung – es war der 20. November 1979 unserer Zeitrechnung – ereignete sich die Besetzung der Großen Moschee in Mekka (siehe dazu Fuhlendorf, S.115–117). Einzelheiten dieser Besetzung mögen an angegebener Stelle nachgelesen werden. Nach einem Artikel in der *Arab News* wurden die Besetzer der Moschee „als religiöse Fanatiker bezeichnet, die meinten, die Gesellschaft sei vom Islam abgewichen, und die an das Dasein ihres ‚expected Mahdi' glaubten, der – wie sie behaupteten – ‚would bring justice to the world'" (Fuhlendorf, S.116 f.). Ein „erwarteter Mahdi" werde Gerechtigkeit in die Welt bringen. Ein Mitglied der Besetzergruppe, deren Kritik sich gegen den Zustand der saudischen Gesellschaft, insbesondere gegen Radio und Fernsehen gerichtet habe, hätte über Lautsprecher verkündet, daß er der Mahdi sei. Die Besetzung wurde unter dem Einsatz saudischer Sicherheitskräfte beendet; sie dauerte insgesamt bis zum 5. Dezember 1979. Diejenigen der Besetzer, die überlebt hatten und gefaßt werden konnten, wurden zum Tode verurteilt und hingerichtet. Der Mahdi aber war verschwunden.

Zu den grundlegenden Inhalten der Glaubensüberzeugungen der Schiiten gehört der Glaube an den „verborgenen Imam". Einen Eindruck von den Vorstellungen und Erwartungen, die damit verbunden sind, gewinnen wir anhand der Darstellung über den „verborgenen Imam" (siehe Fuhlendorf, S.117–124), die an wesentlicher Stelle in Anknüpfung an die Sicht des französischen Orientalisten Henry Corbin, aus dessen in französischer Sprache verfaßten Werken übersetzt bzw. referiert wird, erfolgt. Zuvor sei kurz gesagt, daß sich die Schiiten auf den Vetter und Schwiegersohn Mohammeds, Ali, zurückführen (schiat Ali = Partei Alis). Entgegen seinen Erwartungen wurde Ali erst nach Abu Bakr, Omar und Othman Kalif. In Ali und seinen leiblichen Nachkommen, die nach schiitischer Überzeugung alle ein unnatürliches Ende fanden, sehen die Schiiten, im Unterschied zu den Sunniten, die wahren Nachfolger des Propheten. Diese werden als Imame bezeichnet. Der Imam ist der Bürge dafür, daß der Mensch den rechten Weg finden kann, er ist in besonderer Weise von Gott auserwählt, ist unfehlbar und frei von Sünde. Besondere Bedeutung kommt dem zwölften Imam zu. Noch als Kind verschwand er im Jahre 873 auf mysteriöse Weise. Er ging, wie es heißt, in die Verborgenheit ein, erst in die kleine Verborgenheit, und seit 942 in die große Verborgenheit, die bis heute andauert.

„Was macht laut Corbin das Wesen der Schia aus? Auch die Schiiten bekennen zusammen mit allen Muslimen die Einheit Gottes und den Glauben an Mohammeds prophetische Sendung. Aber während der sunnitische Islam verkündet, die Prophetie sei mit Mohammed abgeschlossen, geht für die Schiiten etwas ganz Bestimmtes weiter, weil sie der Überzeugung sind, nur die Prophetie, die das Religionsgesetz gebracht habe, sei beendet. Mit dem Abschluß des Zyklus der Prophetie beginnt für die Schia der Zyklus der *walayat*, d.h. die Einweihung in den verborgenen Sinn der göttlichen Offenbarung, und diese Einweihung wird durch die Imame durchgeführt. Die Schia will nicht in einem bestimmten Augenblick der endgültig abgeschlossenen Vergangenheit stehenbleiben. Sie ist auf die Zukunft gerichtet. Voller Spannung erwartet sie diese Zukunft, die sich als Eschatologie ankündigt. Sie hält nicht an Buchstaben fest, weil sie eine Gnosis ist. Sie ist eine Kenntnis des inneren, esoterischen Sinns der göttlichen Offenbarung. Und gerade dieser esoterische Sinn ist das Geheimnis des Imam-Seins; im Imamat sieht die Schia jenes Geheimnis, das sonst das Geheimnis des Anthropos, des Menschen, des Menschseins, genannt wird." (Fuhlendorf, S.122)

Welche Vorstellungen sich mit dem verborgenen Imam verbinden, dessen Rückkehr aus der Verborgenheit erwartet wird, beschreibt Fuhlendorf nach einem Wortlaut Henry Corbins:

„Der verborgene Imam ist ein übernatürliches Wesen. Es hängt von den Menschen ab, ob er ihnen erscheint oder ob er sich ihren Augen entzieht. Sein Erscheinen ist das Zeichen der Erneuerung des Menschen. Das ist der tiefe Sinn der schiitischen Vorstellung von der Verborgenheit und vom ‚Erscheinen'. Die Menschen selbst haben es bewirkt, daß der Imam in der

Verborgenheit ist. Wenn der Imam verborgen ist, dann aus dem Grunde, weil die Menschen nicht imstande sind, ihn zu sehen. Die Menschen haben die Organe verloren, mit deren Hilfe sie ihn wahrnehmen könnten. Es hat also keinen Sinn, vom ‚Erscheinen‘ des verborgenen Imam zu sprechen, solange die Menschen nicht über die Fähigkeit verfügen, ihn zu erkennen.“ (Fuhlendorf, S.124)

Es wird die Wiederkunft eines übernatürlichen Wesens, des verborgenen Imam, erwartet. Wenn die Menschen eine entsprechende innere Entwicklung vollziehen und sich die Organe zum Wahrnehmen dieses Wesens erschließen, dann werden sie die Möglichkeit erlangen, den verborgenen Imam wahrzunehmen und zu erkennen: das bedeutet: Er wird den neu entwickelten Fähigkeiten erscheinen. Werden wir da nicht an die Schilderungen Rudolf Steiners über das Ereignis der Christuserscheinung in der ätherischen Welt erinnert?

„Und das Wichtige ist, daß wir gerade in der Zeit leben, wo das finstere Zeitalter abgelaufen ist, und daß jetzt gerade ein Zeitalter beginnt, wo die Menschen neue Fähigkeiten langsam und allmählich entwickeln, wo die Seelen der Menschen allmählich anders werden. (...)

Es wird die Fähigkeit sein, daß die Menschen in ihrer Umgebung etwas sehen werden von dem Ätherischen, das sie normalerweise bisher nicht wahrnehmen konnten. (...)

Und was ist damit verknüpft? Nun, diejenige Wesenheit, die wir den Christus nennen, die war einmal im Fleische auf der Erde im Beginne unserer Zeitrechnung. In einem solchen physischen Leibe wird sie nicht mehr kommen, denn das war ein einmaliges Ereignis. Aber in der ätherischen Gestalt wird der Christus wiederkommen in den genannten Zeiten. Da werden die Menschen wahrnehmen lernen den Christus, indem sie durch dieses Äthersehen hinaufwachsen werden zu ihm, der nun nicht mehr heruntersteigt bis zum physischen Leib, sondern bloß bis zum Ätherleib. Die Menschen werden also hinaufwachsen müssen zu einem Wahrnehmen des Christus. (...)

Der Christus ist immer da, aber er ist in der geistigen Welt. Und wir können ihn erreichen, wenn wir uns in sie erheben.“ (Steiner, GA 118, 25.01.1910, S.25–29)

Den Weg zu dem Christus findet man heute, so führt Rudolf Steiner einmal aus, nicht bloß durch eine Entwicklung des eigenen Inneren, „sondern dann, wenn man sich vor allen Dingen bewußt ist, daß der Christus der menschlichen Gemeinschaft angehört, der ganzen menschlichen Gemeinschaft angehört.“ (Steiner, GA 172, 27.11.1916, S.204)

Das beinhalte, daß man den Menschen nicht nur als den Angehörigen einer Familie, eines Volkes, einer bestimmten Zeit ansieht, sondern sich auch klar darüber sei, „daß mit jedem Menschen uns etwas gegenübertritt, das überirdischer Natur ist und mit irdischen Menschenmitteln nicht begriffen werden kann. Dann stellt sich für jeden Menschen jene intime Ehrfurcht vor allem Menschlichen ein. (...)

So ist dadurch mit Christus das gekommen ..., daß man anerkenne in jedem Erdenmenschen den Christus, der hinter ihm ist, daß man anerkenne in jedem Erdenmenschen die Wahrheit des Wortes: ‚Was du dem geringsten meiner Brüder tust, das hast du mir getan.‘ – Wie gesagt, man muß diesen Begriff ganz in die Empfindung umsetzen, dann erst wird man auf seine volle Wahrheit kommen. Denn vor dem, was man also sieht, versinken alle Begriffe und Vorstellungen, die die Menschen trennen, und etwas, was allen Menschen gemeinschaftlich ist, geht als eine Aura über die Erde hin ...“ (Steiner, GA 172, S.205 f.)

Literatur:

Abdullah, Muhammad Salim: Islam. Für das Gespräch mit Christen. Gütersloh 1992

Fuhlendorf, Hans-Diedrich: Rückkehr zum Paradies oder Erbauen des Neuen Jerusalem? Geschichtsbetrachtungen in apokalyptischer Zeit. Flensburg 1992

Khoury, Adel Theodor: Der Islam, sein Glaube – seine Lebensordnung – sein Anspruch. Freiburg/Br. 1988

Der Koran. Übersetzung von Adel Theodor Khoury unter Mitwirkung von Muhammad Salim Abdullah, Gütersloh 1987. Mit einem Geleitwort von Inamullah Khan, Generalsekretär des Islamischen Weltkongresses

Steiner, Rudolf: Das Ereignis der Christus-Erscheinung in der ätherischen Welt. GA 118, Dornach 1977

Steiner, Rudolf: Gegenwärtiges und Vergangenes im Menschengeiste. GA 167, Dornach 1962

Steiner, Rudolf: Das Karma des Berufes des Menschen in Anknüpfung an Goethes Leben. GA 172, Dornach 1980

Tibi, Bassam: Die Krise des modernen Islams. Eine vorindustrielle Kultur im wissenschaftlich-technischen Zeitalter. Frankfurt/M. 1991

Tibi, Bassam: Islamischer Fundamentalismus, moderne Wissenschaft und Technologie. Frankfurt/M. 1992

Hans-Diedrich Fuhlendorf

Rückkehr zum Paradies oder Erbauen des Neuen Jerusalem?

Geschichtsbetrachtungen in apokalyptischer Zeit

352 Seiten, kart., DM 39,–
ISBN 3-926841-37-0

In diesem Buch wird ein Bild vom apokalyptischen Charakter unserer Zeit entworfen. Juden, Muslime, Christen, von moderner Wissenschaft und Technik Begeisterte, Sozialisten und Nationalisten kommen zu Wort, fast alle in einem Kampf zwischen Gut und Böse, Gott und Satan darinnenstehend, viele von dem Willen erfüllt, eine altgewordene Welt zu zerschlagen, um eine neue, bessere, menschlichere aufzubauen. Dabei wird das, was die einen als gottgewollte neue Weltordnung erstreben, von anderen als von Satan herrührend verdammt. Die Erwartungen hinsichtlich der neuen Weltordnung reichen von einer Sehnsucht nach Rückkehr zum Paradies bis zu der Hoffnung, das Neue Jerusalem, die Stadt auf dem Hügel, erbauen zu können.

Bezug über den Buchhandel oder direkt beim Verlag (zzgl. Porto und Verpackung):
Flensburger Hefte Verlag • Holm 64 • D-2390 Flensburg • Fax: 0461/ 2 69 12

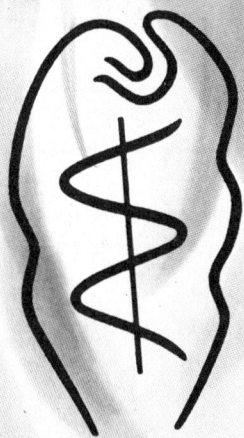

Ungewöhnliche Formen?

Wenn Sie genauer hinschauen, entdecken Sie den Äskulapstab (der Stab des mythischen Arztes Asklepios) in der Mitte – heute das internationale Zeichen für Heilmittel. Die Schlange windet sich um den Stab des Weisen: Ein Bild für die Verwandlung eines Giftes (der Schlange) zum Heilmittel. Jeder Naturstoff ist für den Menschen zunächst ein Fremdkörper; jede natürliche Substanz kann ein Gift sein – eine Frage der Dosis. Zum Heilmittel wird eine Natursubstanz erst in der richtigen Verarbeitung durch den Menschen: für den menschlichen Organismus. Umhüllt wird der Äskulapstab von zwei bewegten, sich begegnenden Formen.

Sie schaffen den Raum für die Entstehung des Heilmittelzeichens in der Mitte. Sie sind der Ausdruck für die menschengemäße Heilung und Pflege der anthroposophischen Medizin, die das Fundament für die Arbeit der WELEDA bildet. Die menschengemäße Verarbeitung reiner Natursubstanzen für Arzneimittel und Körperpflegeprodukte – das ist unser Auftrag seit 70 Jahren.
Wenn Sie sich für WELEDA Heilmittel und Körperpflegeprodukte oder für die anthroposophischen Therapiemethoden interessieren:
Schreiben Sie uns.
Wir helfen Ihnen gerne.

1921 1991
WELEDA
Im Einklang
mit Mensch und
Natur

Informationsmaterial übersenden wir Ihnen gern: WELEDA AG, Postfach 1320, 70 70 Schwäbisch Gmünd

Johannes Rogalla von Bieberstein:
Die These von der Verschwörung 1776–1945
216 S., kart., DM 33,–
ISBN 3-926841-36-2

Carola Cutomo:
Medialität – Besessenheit – Wahnsinn
188 S., kart., DM 19,80
ISBN 3-926841-19-2

Klaus Engels:
Destruktive Kulte im Spannungsfeld von Kirche und Gesellschaft
Ca. 200 S., kart., ca. DM 28,–
ISBN 3-926841-46-X

Faustus Falkenhahn, Peter Krause (Hg.):
Einsam – gemeinsam
Ca. 200 S., kart., ca. DM 19,80
ISBN 3-926841-43-5

Hans-Diedrich Fuhlendorf:
Rückkehr zum Paradies oder Erbauen des Neuen Jerusalem?
352 S., kart., DM 39,–
ISBN 3-926841-37-0

Wolfgang Gädeke:
Anthroposophie und die Fortbildung der Religion
448 S.   Leinen DM 48,– / ISBN 3-926841-23-0
         kart. DM 36,– / ISBN 3-926841-24-9

Johannes Kiersch:
Fragen an die Waldorfschule
148 S., kart., DM 19,80
ISBN 3-926841-33-8

Peter Krause:
Das Judasproblem
128 S., kart., DM 19,80
ISBN 3-926841-38-9

Ernst-Martin Krauss:
Holzwege, Steinwege ...
92 S., Großformat, 13 farb. Abb., geb., DM 56,–
ISBN 3-926841-35-4

Jukka Kuoppamäki:
Einsam – gemeinsam
Musikkassette, DM 22,–
Liederheft zur Musikkassette, DM 7,–

Andreas Meyer (Hg.):
Seele und Geist
Ca. 170 S., kart., ca. DM 26,–
ISBN 3-926841-47-8

FH 11
Über Tod und Sterben
2. Auflage, 268 S., kart., DM 19,80
ISBN 3-926841-11-7

FH 13
Hexen, New Age, Okkultismus
3. Auflage, 196 S., kart., DM 19,80
ISBN 3-926841-08-7

FH 14
Erneuerung der Religion. Die Christengemeinschaft
4. Auflage, 184 S., kart., DM 16,80
ISBN 3-926841-07-9

FH 15
Waldorfschule und Anthroposophie
3. Auflage, 132 S., kart., DM 9,80
ISBN 3-926841-00-1

FH 16
Kulturvergiftung: Rauschgift, Sucht und Therapie
2. Auflage, 228 S., kart., DM 16,80
ISBN 3-926841-21-4

FH 17
Kulturvergiftung: Alkohol
2. Auflage, 160 S., kart., DM 16,80
ISBN 3-926841-34-6

FH 18
Bio.-dyn. Landwirtschaft, Ökologie, Ernährung
2. Auflage, 184 S., kart., DM 19,80
ISBN 3-926841-03-6

FH 19
Musik
2. Auflage, 184 S., kart., DM 16,80
ISBN 3-926841-06-0

FH 20
Sexualität, Aids, Prostitution
2. Auflage, 170 S., kart., DM 14,80
ISBN 3-926841-09-5

FH 21
Aids
164 S., kart., DM 14,80
ISBN 3-926841-10-9

FH 22
Erkenntnis und Religion
132 S., kart., DM 14,80
ISBN 3-926841-13-3

FH 23
Engel
2. Auflage, 172 S., 9 farb. Abb., kart., DM 19,80
ISBN 3-926841-15-X

FH 24
Direkte Demokratie – 1789–1989
240 S., kart., DM 14,80
ISBN 3-926841-16-8